»Der Decamerone des Boccaccio, diese berühmte, bei Prüden um ihrer Derbheit willen berüchtigte Novellensammlung, ist das erste große Meisterwerk europäischer Erzählkunst, in einem wunderbar lebendigen Altitalienisch geschrieben und viele Male in alle Kultursprachen übersetzt.« Hermann Hesse

Als im Jahr 1348 in Florenz die Pest ausbricht, fliehen zehn adlige Florentiner auf ein Landgut außerhalb der Stadt. Zum Zeitvertreib erzählen sie sich Geschichten, jeden Tag zu einem neuen Thema. So entstehen einhundert Novellen, die im *Dekameron* versammelt sind.

Boccaccios Novellensammlung sprüht vor sinnlicher Erotik und Frivolität und ist ein lebendiges und unterhaltsames Zeugnis der italienischen Renaissance. Amouröses und Leidenschaftliches begegnet uns ebenso wie wahre Liebe und Betrug.

Die vorliegende Auswahl präsentiert die schönsten Liebesgeschichten aus diesem Meisterwerk der Weltliteratur.

Giovanni di Boccaccio, 1313 in Certaldo bei Florenz als unehelicher Sohn eines Kaufmanns und einer adligen Französin geboren, starb dort 1375 auf seinem Landgut. Sein Novellenzyklus *Das Dekameron* machte den Dichter weltberühmt und beeinflußte maßgeblich die italienische Kunstprosa.

Im insel taschenbuch liegen außerdem von ihm vor: *Das Dekameron* (it 2577) und *Erotische Geschichten* (it 2383).

insel taschenbuch 4538
Giovanni di Boccaccio
Die schönsten Liebesgeschichten

Giovanni di Boccaccio

DIE SCHÖNSTEN LIEBESGESCHICHTEN

Aus dem Italienischen
von Albert Wesselski

Insel Verlag

Die Novellen wurden dem insel taschenbuch 2577: Giovanni di Boccaccio,
Das Dekameron. Deutsch von Albert Wesselski. Insel Verlag Frankfurt am Main
und Leipzig 1999. © Insel-Verlag Leipzig 1909, entnommen und für
diese Ausgabe neu zusammengestellt. Die Überschriften stammen vom Verlag.

Umschlagabbildung: Erich Lessing/akg-images

Erste Auflage 2013
insel taschenbuch 4538
Insel Verlag Berlin 2013
© Insel-Verlag Leipzig 1909
Vertrieb durch den Suhrkamp Taschenbuch Verlag
Umschlaggestaltung: bürosüd, München
Satz: Hümmer GmbH, Waldbüttelbrunn
Druck: CPI – Ebner & Spiegel, Ulm
Printed in Germany
ISBN 978-3-458-36238-8

Inhalt

Paganinos Gattin

Paganino von Monaco raubt die Gattin Messer Ricciardos di Chinzica; als der erfährt, wo sie ist, begibt er sich dorthin, befreundet sich mit Paganino und verlangt sie von ihm zurück. Paganino verspricht sie ihm, wenn sie wolle; sie will aber nicht mit ihm heimkehren und wird nach Messer Ricciardos Tode die Gattin Paganinos.

Die ganze ehrenwerte Gesellschaft pries die Geschichte, die ihre Königin erzählt hatte, als überaus schön, und besonders tat dies Dioneo, der der einzige war, der an diesem Tage noch zu erzählen hatte. Und als er mit seinen Lobeserhebungen zu Ende war, sagte er: Ein Umstand in der Erzählung der Königin hat mich, meine schönen Damen, veranlaßt, von der Geschichte, die ich im Sinne gehabt habe, abzusehn und euch eine andere zu erzählen: und dieser Umstand ist die Dummheit Bernabòs, bei der es nichts ausmacht, daß sie ihm gut ausgegangen ist; so wie er redet sich nämlich mancher Mann ein, daß seine Frau, während er sich auf seiner Reise durch alle möglichen Länder bald mit der einen, bald mit der andern vergnügt, daheim die Hände in den Schoß lege, geradeso als ob wir, die wir ja unter den Frauen zur Welt kommen und aufwachsen, nicht wüßten, wonach ihr Sinn steht. Mit der Geschichte, die ich euch erzählen werde, will ich euch nun zu gleicher Zeit zeigen, wie groß die Albernheit solcher Männer ist und um wieviel größer die etlicher anderer ist, die in der Meinung, sie vermöchten mehr als die Natur, glauben, mit eitelm Gefasel etwas, was ihnen unmöglich ist, möglich machen zu können und sich abmühen, einen andern zu dem zu machen, was sie selber sind, wenn dies auch dem ganzen Wesen dessen, an dem sie sich versuchen, widerstrebt ist.

Es war also einmal in Pisa ein Richter, Messer Ricciardo di Chinzica mit Namen, der mehr mit geistigen Kräften als mit körperlichen begabt war; der war vielleicht der Meinung, er werde eine Frau mit derselben Arbeit zufriedenstellen, wie er sie in seiner Gelehrtenstube verrichtete, und so trachtete er, der sehr reich war, mit allem Eifer, eine schöne und junge Dame zur Frau zu bekommen, obwohl er, wenn er sich ebenso gut zu beraten gewußt hätte wie andere, gerade diesen beiden Eigenschaften hätte ausweichen sollen. Und sein Wunsch ging in Erfüllung; denn Messer Lotto Gualandi gab ihm eine seiner Töchter, Bartolommea mit Namen, eines der schönsten und lebhaftesten Mädchen in Pisa, wo es ja überhaupt nur wenige gibt, die nicht den Eidechsen gleichen. Nachdem sie der Richter mit großen Festlichkeiten heimgeführt und eine schöne, prunkvolle Hochzeit gefeiert hatte, unterfing er sich in der ersten Nacht, um die Ehe zu vollziehen, ein einziges Mal, sie zu berühren; und es hätte nicht viel gefehlt, so wäre es auch das eine Mal eine Niete gewesen, und am Morgen mußte er sich, mager und dürr und kraftlos wie er war, mit rotem Weine und stärkenden Latwergen und andern Mittelchen wieder zum Leben bringen. Da der Herr Richter nunmehr seine Kräfte besser einschätzte, als er zuvor getan hatte, begann er seine Frau einen Kalender zu lehren, der Kindern, die ungern in die Schule gehn, wohl getaugt hätte und vielleicht in Ravenna gemacht worden war. Denn nach seinen Erklärungen gab es nicht einen Tag, auf den nicht, von einem gar nicht zu reden, sondern mehrere Feste gefallen wären, die, wie er ihr mit mancherlei Gründen erklärte, dadurch gefeiert werden mußten, daß sich Mann und Frau einer derartigen Vereinigung enthielten; dazu kamen noch die Quatember und die Vigilien der Apostel und tausend anderer Heiliger und die Freitage und die Samstage und der Tag des Herrn und die vierzigtägige Fastenzeit und etliche Mondviertel und viele andere Ausnahmen, weil er vielleicht meinte, mit der Frau im Bette gelte es ebenso Ferien zu halten, wie er sie dann und wann in seinem Richteramte hielt. Und diese Weise hielt er lange ein, nicht ohne großes Mißvergnügen der Dame, auf die es kaum einmal im Monat traf; dabei hütete er sie aber wohl, auf daß sie nicht ein anderer die Werktage kennen lehre, so wie er sie die Feiertage gelehrt hatte. Nun geschah es zur Zeit der großen Hitze, daß Messer Ricciardo Lust bekam, auf ein sehr hübsches Landgut in der Nähe des Monte Nero zu gehn und dort, um frische Luft zu schöpfen, etliche Tage zu verweilen; und dorthin nahm er seine schöne Gattin mit. Um ihr nun in der Zeit, die sie sich dort aufhielten, einige Unterhaltung zu bieten, veranstaltete er einen Fischfang, und er fuhr mit den Fischern in einem Kahne hin und sie mit andern Damen in einem andern; und das Vergnügen lockte sie so, daß sie, ohne es gewahr zu werden, etliche Meilen weit ins Meer hinausfuhren. Und während sie voll Aufmerksamkeit zusahen, kam plötzlich eine Galeere Paganinos da Mare daher, der damals ein berühmter Seeräuber war; und als der die Kähne sah, hielt er auf sie zu, und die konnten nicht so schnell fliehen, daß nicht Paganino den erreicht hätte, in dem die Damen waren. Als er nun die schöne Dame sah, nahm er sie, ohne nach sonst etwas zu verlangen, vor den Augen Messer Ricciardos, der schon gelandet war, auf seine Galeere und fuhr davon. Ob der Herr Richter, der auf jedes Lüftchen eifersüchtig war, bei diesem Anblicke betrübt gewesen ist, das braucht keiner Frage. Es war nutzlos, daß er über die Schändlichkeit der Seeräuber sowohl in Pisa als auch an andern Orten Klage führte, und er wußte auch nicht, von wem und wohin ihm seine Gattin entführt worden war. Paganino aber war ganz zufrieden, als er sah, daß sie so schön war; und weil er keine Frau hatte, gedachte er sie immer bei sich zu behalten und begann ihr, die heftig weinte, mit süßen Worten Trost zuzusprechen. Als dann die Nacht gekommen war, setzte er, dem der Kalender aus dem Gürtel gefallen war und der alle Feste und Feiertage vergessen hatte, seine Tröstungen mit Werken fort, weil es ihn deuchte, die Worte bei Tag hätten nichts gefruchtet; und er tröstete sie auf eine solche Weise, daß sie, bevor sie noch nach Monaco kamen, den Richter samt seinen Gesetzen vergessen und sich freudig in Paganinos Lebensweise geschickt hatte. Und als er sie nach Monaco gebracht hatte, hielt er sie außer den Tröstungen, die er ihr bei Tag und Nacht spendete, auch sonst so ehrlich, wie wenn sie seine Gattin gewesen wäre. Einige Zeit darauf kam dem Herrn Richter zu Ohren, wo seine Frau weilte; und weil er vor Sehnsucht nach ihr glühte, so faßte er in der Meinung, daß kein anderer die Sache richtig anzupacken verstände, den Entschluß, sie selber zu holen. Und er stieg zu Schiffe und fuhr nach Monaco und dort sah er sie und sie ihn; aber sie sagte das am Abende ihrem Paganino und teilte ihm ihre Absicht mit. Kaum hatte Messer Ricciardo am nächsten Morgen Paganino gesehn, so machte er sich auch schon an ihn heran und floß in kurzer Zeit von Beteuerungen einer innigen Freundschaft über, während sich Paganino stellte, als kennte er ihn nicht, und wartete, wo er hinaus wolle; als es dann Messer Ricciardo an der Zeit schien, entdeckte er ihm, so gut und so höflich wie er nur konnte, den Grund seines Kommens, und bat ihn, so viel zu nehmen, wie ihm beliebe, und ihm dafür die Dame zurückzugeben. Paganino antwortete mit freundlichem Gesicht: »Seid willkommen, Messer; und um Euch kurz zu antworten, sage ich Euch folgendes: Es ist wahr, daß ich eine junge Frau im

Hause habe; ob sie aber Eure oder eines andern Gattin ist, weiß ich nicht, da ich Euch überhaupt nicht kenne und sie auch nicht länger als seit der kurzen Zeit, die sie bei mir ist. Wenn Ihr, wie Ihr sagt, ihr Gatte seid, so werde ich Euch, weil Ihr mir ein liebenswürdiger Mann scheint, zu ihr führen, und ich bin überzeugt, daß sie Euch erkennen wird: sagt sie, daß es so ist, wie Ihr sagt, und will sie mit Euch gehn, so werde ich mich, Euerer Liebenswürdigkeit halber, mit dem begnügen, was Ihr selber mir als Lösegeld für sie geben wollt; trifft das aber nicht zu, so wäre es garstig von Euch, wenn Ihr sie mir nähmet: ich bin ja ein junger Mann und kann mir so gut wie ein anderer eine Frau halten und sonderlich sie, die die liebenswürdigste ist, die ich je gesehn habe.« Darauf sagte Messer Ricciardo: »Sie ist wirklich meine Frau, und wenn du mich zu ihr führst, so wirst du es sehn; augenblicklich wird sie mir um den Hals fallen. Und darum verlange ich nichts andres, als was du selber bestimmt hast.« – »So wollen wir denn gehn«, sagte Paganino. Als sie daher zu Paganino gegangen waren, ließ Paganino die Dame in den Saal, wo sie waren, rufen, und sie trat alsbald, hübsch gekleidet und geschmückt, aus einem Gemache und ging zu Messer Ricciardo und Paganino; aber sie begrüßte Messer Ricciardo nicht anders, als wie sie jeden Fremden begrüßt hätte, der zu Paganino gekommen wäre. Der Richter, der erwartet hatte, sie werde ihn mit hellem Jubel empfangen, verwunderte sich baß, als er das sah, und sagte bei sich selbst: ›Vielleicht haben mich der lange Schmerz, den ich seit ihrem Verluste ertragen habe, und der Gram um sie so verändert, daß sie mich nicht erkennt.‹ Darum sagte er: »Der Fischfang, Frau, zu dem ich dich geführt habe, ist mir teuer zu stehn gekommen; denn nie noch habe ich einen solchen Schmerz ausgestanden wie den, den ich seit dem Tage, wo ich deiner verlustig geworden bin, gefühlt habe. Und du scheinst mich nicht zu erkennen, so fremd sprichst du zu mir. Siehst du nicht, daß ich dein Messer Ricciardo bin, der hierhergekommen ist, um diesem Edelmanne, in dessen Hause wir sind, alles, was er verlangt, zu zahlen, damit ich dich wiederhabe und mitnehmen kann? Und er gibt dich mir, dank seiner Güte, um eine Summe zurück, die ich selber bestimmen darf.« Die Dame kehrte sich zu ihm und sagte mit einem fast unmerklichen Lächeln: »Sprecht Ihr zu mir, Messer? Gebt acht, daß Ihr mich nicht mit einer andern verwechselt; denn ich wenigstens erinnere mich nicht, Euch jemals gesehn zu haben.« Messer Ricciardo sagte: »Gib acht, was du sprichst, und betrachte mich gut; wenn du dich recht erinnern willst, so wirst du wohl sehn, daß ich dein Ricciardo di Chinzica bin.« Die Dame sagte: »Verzeiht, Herr, Euch lange zu betrachten, ist für mich vielleicht nicht so schicklich, wie Ihr Euch einbildet; nichtsdestoweniger habe ich Euch lange genug betrachtet, um zu wissen, daß ich Euch noch nie sonst gesehn habe.« Messer Ricciardo bildete sich ein, sie benehme sich so aus Furcht vor Paganino, in dessen Gegenwart sie nicht gestehn wolle, daß sie ihn erkenne; darum bat er nach einer Weile Paganino um die Gunst, mit ihr unter vier Augen reden zu dürfen. Paganino sagte, ihm sei es recht, unter der Bedingung jedoch, daß er sie nicht gegen ihren Willen küssen dürfe; und er befahl der Dame, mit ihm in ihr Gemach zu gehn und anzuhören, was er ihr sagen wolle, und nach ihrem Belieben zu antworten. Als nun die Dame und Messer Ricciardo allein waren, begann Messer Ricciardo, kaum daß sie sich gesetzt hatten: »Ach, du Herz meines Leibes, du meine süße Seele, du meine Zuversicht, kennst du noch immer deinen Ricciardo nicht, der dich lieber hat als sich selber? Wie kann das sein? Habe ich mich denn gar so verändert? Ach, mein Augapfel, sieh mich doch nur ein wenig an!« Die Dame begann zu lachen und sagte, ohne ihn weitersprechen zu lassen: »Ihr wißt recht gut, daß ich nicht so vergeßlich bin, Euch nicht als Messer Ricciardo di Chinzica, meinen Gatten, zu kennen; aber Ihr kennt mich schlecht, wie Ihr, solange ich bei Euch war, bewiesen habt. Wenn Ihr nämlich der kluge Mann, für den Ihr gelten wollt, wäret oder gewesen wäret, hättet Ihr so viel Erkenntnis haben müssen, um zu sehn, daß ich jung und frisch und kräftig bin, und um demnach zu erkennen, was jungen Frauen außer der Kleidung und Speise not tut, wenn sie es auch aus Scham nicht sagen: und wie Ihr Euch dazu verhalten habt, das wißt Ihr. Und wenn Euch das Studium der Gesetze lieber war als die Gattin, so hättet Ihr keine nehmen sollen; mir seid ihr freilich nie recht wie ein Richter vorgekommen, sondern eher wie ein Feiertagsausrufer; so gut habt Ihr die Festtage und die Fasten und die Vigilien gewußt. Das eine sage ich Euch: wenn Ihr die Arbeiter, die Eure Ländereien bestellen, so viel Feiertage hättet halten lassen, wie Ihr den, der mein kleines Äckerchen hätte bestellen sollen, habt halten lassen, so hättet Ihr nie ein Körnchen Korn geerntet. Nun hat sich Gott meiner Jugend erbarmt und mich den Mann treffen lassen, mit dem ich in diesem Gemache wohne, wo man nicht weiß, was Festtage sind – mit den Festtagen meine ich die, die Ihr, mehr Gott ergeben als dem Frauendienste, in so großer Zahl gefeiert habt –, über dessen Schwelle weder ein Samstag noch ein Feiertag noch eine Vigilie noch die Quatember und auch nicht die Fasten, die so lang sind, kommen, wo hingegen Tag und Nacht gearbeitet und die Wolle geschlagen wird; und ich könnte Euch sagen, daß es, seitdem es heute nacht zur Mette geläutet hat, nicht bei einem Male geblieben ist. Und darum will ich bei ihm bleiben und mit ihm arbeiten, solange ich jung bin, und die Feiertage und Ablässe und die Fasten will ich mir aufheben, bis ich alt bin; und Ihr mögt von mir aus in Gottes Namen so bald wie möglich gehn und ohne mich Feste feiern, sooft es Euch beliebt.« Bei dieser Rede fühlte Messer Ricciardo einen unbeschreiblichen Schmerz; und als er sah, daß sie schwieg, sagte er: »Ach, meine süße Seele, was sind das für Worte, die du da sprichst? Hast du denn keine Rücksicht auf die Ehre deiner Eltern und die deinige? Willst du denn in einer Todsünde verharren und lieber hier die Metze dieses Mannes sein als in Pisa meine Gattin? Er wird dich, wenn er deiner überdrüssig sein wird, mit Schande und Spott davonjagen; ich werde dich immer liebhaben, und du wirst, was auch mit mir werden mag, immer die Herrin meines Hauses sein. Kannst du denn um dieser ungezügelten und unehrbaren Lust willen deine Ehre lassen und zugleich auch mich, der ich dich mehr liebe als mein Leben? Ach, meine Zuversicht, sprich nicht mehr so und komme mit mir; von nun an werde ich mir, da ich jetzt dein Verlangen kenne, alle Mühe geben. Und darum ändere deinen Entschluß, mein süßes Herz, und komme mit mir; seitdem du mir genommen worden bist, habe ich keine gute Stunde mehr gehabt.« Und die Dame antwortete ihm: »Um meine Ehre braucht sich jetzt, wo es zu spät ist, kein Mensch außer mir mehr zu kümmern; hätten es nur meine Eltern damals getan, als sie mich Euch gegeben haben. So wenig sie sich damals um meine Ehre gekümmert haben, so wenig gedenke ich es jetzt mit der ihrigen zu tun. Und lebe ich jetzt in einer Todsünde, so habe ich mich deswegen noch lange nicht tot gesündigt; macht Euch darüber nicht mehr Sorgen als ich. Und ich sage Euch: hier darf ich mich für Paganinos Gattin halten, und in Pisa habe ich mich für Euere Metze halten müssen; während es in Pisa nur nach Mondvierteln und geometrischen Erwägungen möglich war, unsere Planeten zusammenzubringen, hält mich hier Paganino die ganze Nacht im Arme und drückt mich und beißt mich, und wie er mich hernimmt, das soll Euch der Herrgott erzählen. Ihr sagt, Ihr wolltet Euch alle

Mühe geben: ja womit denn? Es dreimal zu versuchen und ihn mit Schlägen in die Höhe zu bringen? Ich kann mir's ja denken, was für ein tüchtiger Ritter aus Euch geworden ist, seitdem ich Euch das letzte Mal gesehn habe. Geht und gebt Euch alle Mühe, Euer Leben zu fristen; auf der Welt scheint Ihr mir sowieso nur zur Miete zu sein, so ausgemergelt und jämmerlich seht Ihr mir aus. Und weiter sage ich Euch noch, daß ich, wenn er mich ließe – obwohl er meiner Meinung nach gar nicht daran denkt, sondern froh ist, wenn nur ich bleibe –, deswegen noch immer nicht zu Euch zurückkäme, aus dem man samt allem Drücken kein Näpfchen Saft herausbrächte; zu meinem größten Leidwesen und Schaden bin ich einmal bei Euch gewesen, und darum würde ich mein Glück anderswo versuchen. Ich sage es Euch also noch einmal: hier gibt es keine Feiertage und keine Vigilien, und darum bleibe ich hier; nun geht aber endlich in Gottes Namen Eures Weges oder ich fange zu schreien an, daß Ihr mir Gewalt antun wollt.« Messer Ricciardo sah ein, daß alles umsonst war, und wurde sich endlich klar, was für eine Narrheit es gewesen war, daß er als abgelebter Schwächling ein junges Weib genommen hatte, und verließ das Gemach mit einem Herzen voll Trauer und Betrübnis; zwar redete er Paganino noch mit vielen Worten zu, aber das nützte ihm keinen Pfifferling, so daß er schließlich von der Dame ließ und, ohne etwas ausgerichtet zu haben, nach Pisa heimkehrte. Dort wurde er vor Schmerz blödsinnig, so daß er, wenn er auf der Straße ging, jedem, der ihn grüßte oder ihn um etwas fragte, nichts sonst antwortete als: »Das schlechte Ding will keinen Feiertag«; und es dauerte gar nicht lange, so starb er. Als das Paganino erfuhr, machte er die Dame, deren Liebe zu ihm er kannte, zu seiner rechtmäßigen Gattin; und ohne sich um Feiertage oder Vigilien oder Fasten zu kümmern, arbeiteten sie, solange die Beine sie trugen, und verbrachten ihre Tage in Freuden. Darum glaube ich, meine lieben Damen, daß Messer Bernabò bei dem Streite mit Ambrogiuolo den Esel beim Schwanz aufgezäumt hat.

Diese Geschichte hatte der ganzen Gesellschaft so viel zu lachen gegeben, daß niemand war, dem nicht die Kinnbakken weh getan hätten, und alle Damen sagten in völliger Einmütigkeit, daß Dioneo die Wahrheit gesagt habe und daß Bernabò ein Esel gewesen sei. Als aber die Geschichte zu Ende war und sich schließlich das Gelächter gelegt hatte, nahm die Königin, die sah, daß die Stunde schon spät war und daß alle erzählt hatten und daß das Ende ihrer Herrschaft da war, pflichtgemäß den Kranz ab und setzte ihn auf das Haupt Neifiles und sagte mit heiterm Gesichte: »Nun, meine liebe Gesellin, sei du die Herrscherin über dies Völkchen«; und damit setzte sie sich wieder. Neifile errötete ein wenig über die Ehre, die ihr zuteil geworden war, so daß ihr Gesicht einer Rose glich, die im Mai bei Tagesanbruch aufblüht, und sie senkte die muntern Augen, die funkelten wie der Morgenstern. Als aber der rauschende Beifall, der von der Verehrung Zeugnis gab, die die Königin bei allen genoß, verstummt war und sie ihre Befangenheit überwunden hatte, nahm sie einen erhabenern Sitz ein als sonst und sagte: »Da ich denn nun eure Königin bin, will ich euch, ohne mich von der Weise meiner Vorgängerinnen, die ihr durch euern Gehorsam gebilligt habt, zu entfernen, in wenigen Worten kundtun, was ich im Sinne habe, und wenn das euer Ratschlag für gut findet, so wollen wir es ausführen. Wie ihr wißt, ist morgen Freitag und übermorgen Samstag, beides Tage, die wegen der Speisen, die man da genießt, den meisten Leuten ein wenig widerwärtig sind, und dazu kommt noch, daß der Freitag wegen der Leiden Dessen, der für unser Leben gestorben ist, der Erbauung dienen soll; darum würde ich es für recht und ziemlich erachten, wenn wir uns am Freitag zur größeren Ehre

Gottes lieber mit Gebeten als mit Geschichten beschäftigen. Am Samstage haben es wieder die Frauen im Brauche, sich den Kopf zu waschen und ihn von allem Staube und Schmutze zu säubern, der sich bei ihren Verrichtungen in der ganzen Woche angesammelt hat, und gar viele pflegen auch aus Verehrung für die Heilige Jungfrau, die Mutter Gottes, zu fasten und schon, um den darauffolgenden Sonntag zu heiligen, alle Arbeit ruhen zu lassen; weil wir also an diesem Tage die von uns angenommene Lebensweise nicht völlig beibehalten könnten, bin ich der Meinung, es wäre wohlgetan, auch mit den Geschichten auszusetzen. Da wir aber schon vier Tage hier gewesen sein werden, so glaube ich, daß wir, wenn wir es vermeiden wollen, daß uns fremde Leute überraschten, gut daran täten, unsern Aufenthaltsort zu wechseln und anderswohin zu gehn; und wohin wir gehn wollen, das habe ich auch schon erwogen und vorgesehn. Wenn wir dort am Sonntage nach dem Mittagsschlafe versammelt sein werden, so werdet ihr viel Zeit zum Nachdenken gehabt haben, und aus diesem Grunde und dann auch, weil es bei dem weiten Spielraume, der unsern heutigen Geschichten gewährt war, sehr hübsch sein wird, den Erzählern das Feld etwas einzuschränken und von den verschiedenen Fügungen des Schicksals eine einzige Art herauszugreifen, so habe ich mir gedacht, daß wir von denen sprechen wollen, die durch Geschicklichkeit etwas Heißersehntes erlangt oder das Verlorene wiedergewonnen haben. Dioneos Vorrecht unbeschadet, denke jeder daran, über diesen Gegenstand etwas zu erzählen, was der Gesellschaft nützen oder sie wenigstens unterhalten kann.« Alle spendeten der Rede und Absicht der Königin ihren Beifall und beschlossen, daß es so gehalten werden solle. Hierauf ließ die Königin ihren Seneschall rufen und gab ihm genau an, wo er am Abende die Tische decken solle und was er in der ganzen Zeit ihrer Herrschaft zu tun haben werde; und nun erhob sie sich mit ihrer ganzen Gesellschaft und gab jedem die Erlaubnis, das zu tun, was ihm behage. Die Damen und die Herren machten sich auf den Weg in ein Gärtchen, um sich eine Weile zu erlustigen, und dort nahmen sie auch, als die Speisestunde gekommen war, froh und vergnügt ihr Abendessen ein; und nachdem sie sich von den Tischen erhoben hatten, führte Emilia auf der Königin Wunsch den Reigen und Pampinea sang dazu folgendes Lied, worein die andern Damen einstimmten:

Wenn ich nun schweige, welches Weib wird singen,
Da alle meine Wünsche Glück beschwingen!

Drum komme, Traum der Liebe, meines Wohlseins
                                        Spender,
Du meiner Hoffnungen erfröhlichtes Gelingen,
Wir wollen nun ein wenig singen.
Und miteinander: nicht über die Bänder
Um Liebende, die abgefallen, noch erfreuen.
Doch klar zu unsrer Flamme dringen,
Ein fröhliches Erglühen, Spielen, nimmer scheuen!
Berausche mich: mein Gott, du innerstes Erklingen.

In deine Flamme, Traum der Liebe, kaum geraten,
Erspiegelte mein Auge, durch dein holdes Walten,
Mir einen Jüngling in die Sinne,
Wie keiner je an Schönheit, Mut und kühnen Taten
Ihm glich: noch übertief an freundlichem Verhalten;
Nun bin ich voll von Minne:
Ihm brennend zugetan. In allen Seelenfalten
Beglückt. Für dich, mein Gott und Herr, gestimmt
                                        zum Singen.

Und was mich nun so fröhlich macht und leicht erheitert,
Ist, daß ich ihm gefalle, wie er mir gefällt.
O Liebe, herrlich wird dein Schenken!
Mein großes Wünschen ist auf Erden nicht gescheitert:
Und Friede bleibe mir für eine andre Welt.
Für mein getreues An-ihn-Denken!
Das ihm so einzig gilt. Mein Gott, der uns erhält,
In deinem Reich gib meinem Hoffen noch Gelingen.

Hierauf wurden noch mehrere andere gesungen und mehrere Tänze aufgeführt und verschiedene Instrumente gespielt.
Als aber die Königin dafür hielt, es sei Zeit, zur Ruhe zu
gehn, wurden alle mit Fackeln in ihre Gemächer geleitet;
und indem sie sich die beiden folgenden Tage mit den Dingen beschäftigten, die die Königin besprochen hatte, erwar-
teten sie den Sonntag voll Verlangen.

Der Gärtner im Nonnenkloster

Masetto von Lamporecchio stellt sich stumm und wird Gärtner in einem Nonnenkloster, und die Nonnen trachten alle um die Wette, bei ihm zu liegen.

Es gibt, meine schönsten Damen, genug Männer und Frauen, die so töricht sind, daß sie ernstlich glauben, ein junges Mädchen, dem man den weißen Schleier um den Kopf gelegt und die schwarze Kutte angezogen hat, sei nicht anders mehr ein Weib und fühle die weiblichen Lüste nicht anders mehr, als ob sie sich dadurch, daß sie ins Kloster gegangen sei, in einen Stein verwandelt hätte; und hören diese Leute etwas, was ihrem Glauben zuwider ist, so erbosen sie sich so, wie wenn ein verruchtes, fluchwürdiges Verbrechen wider die Natur begangen worden wäre, ohne an sich selber zu denken, die auch die unumschränkte Freiheit, alles zu tun, was sie wollen, nicht ersättigen kann, und ohne die große Gewalt, die Muße und Einsamkeit haben, in Betrachtung zu ziehen. Und wieder gibt es genug andere, die ebenso ernstlich glauben, daß Hacke und Spaten, grobe Speisen und schwere Mühsal den Leuten, die auf dem Felde arbeiten, die begehrlichen Lüste nähmen und ihnen Verstand und Einsicht vergröberten. Wie sehr sich aber alle die, die so etwas glauben, täuschen, das will ich euch, da mir der Auftrag der Königin geworden ist, mit einer kleinen Geschichte beweisen, ohne mich jedoch von dem Gegenstande, den sie bestimmt hat, zu entfernen.

Hier in unserer Gegend war und ist noch ein Nonnenkloster, wohlberufen durch seine Frömmigkeit – nennen werde ich es nicht, um nicht seinen Ruf irgendwie zu schmälern –, dessen hübschen Garten vor gar nicht langer Zeit, als dort nicht mehr als acht Nonnen und ihre Äbtissin, lauter junge Frauen, waren, ein biederer Mann bestellte; da der aber mit seinem Lohne nicht zufrieden war, so rechnete er mit ihrem Verwalter ab und kehrte nach Lamporecchio zurück, wo er daheim war. Unter denen, die ihn freundlich bewillkommneten, war ein kräftiger, stämmiger Bauernbursche, der für einen vom Lande wohlgebaut war, Masetto mit Namen, und der fragte ihn, wo er so lange gewesen sei. Der Biedermann, der Nuto hieß, sagte es ihm, und Masetto fragte ihn, worin sein Dienst im Kloster bestanden habe. Und Nuto antwortete ihm: »Ich arbeitete in ihrem hübschen, großen Garten, ging dann und wann um Holz in den Busch, schöpfte Wasser und verrichtete noch andere solcher kleinen Dienste; aber die Nonnen gaben mir so wenig Lohn, daß ich kaum die Schuhe bezahlen konnte. Dazu sind sie allesamt jung, und ich glaube, sie haben den Teufel im Leibe, weil man ihnen nichts recht machen kann; wenn ich zuzeiten im Garten arbeitete, sagte die eine: ›Setz das daher‹, und die andere: ›Setz das dorthin‹, und die dritte nahm mir die Hacke aus der Hand und sagte: ›Das ist nicht gut so‹, und auf diese Art ärgerten sie mich dann so lange, bis ich die Arbeit stehn ließ und aus dem Garten ging. So habe ich denn, wegen des einen sowohl als auch wegen des andern, nicht länger bleiben wollen und bin hierher gekommen. Ihr Verwalter hat mich ja wohl bei meinem Weggehn gebeten, wenn mir einer unterkomme, der dazu tauge, ihn ihm zu schicken, und ich habe es ihm auch versprochen; aber da kann er lange warten, daß ich ihm einen besorge oder schicke!« Als Masetto die Erzählung Nutos hörte, überkam ihn eine so große Lust, bei den Nonnen zu sein, daß er fast vergehn wollte; denn aus Nutos

Erzählung glaubte er schließen zu dürfen, daß ihm das, wonach ihn gelüstete, glücken könnte. Weil er aber fürchtete, er verderbe es sich, wenn er Nuto etwas davon sage, sagte er zu ihm: »Das war wohlgetan von dir, daß du hergekommen bist! Wie sollte denn ein Mann mit Frauenzimmern auskommen? Leichter käme man noch mit Teufeln aus; von sieben Malen wissen sie ja sechsmal nicht, was sie selber wollen.« Nachdem jedoch ihr Gespräch zu Ende war, begann er nachzudenken, wie er's anfangen sollte, um bei ihnen sein zu können; zwar wußte er, daß er alle Dienstleistungen, die Nuto genannt hatte, trefflich verstand, so daß ihm nicht bange war, deshalb abgewiesen zu werden, aber er besorgte, daß er seiner großen Jugend und seines hübschen Aussehns halber nicht werde aufgenommen werden. Darum folgerte er nach vielem Hinundhersinnen also: das Kloster ist weit entfernt von hier, und niemand kennt mich dort; wenn ich mich stumm stelle, so werde ich sicherlich aufgenommen. Indem er bei dieser Folgerung stehn blieb, ging er mit einem Beile auf der Schulter, ohne jemand zu sagen, wohin er gehe, in ärmlicher Kleidung zum Kloster: dort angelangt, trat er ein, und von ungefähr traf er den Verwalter im Hofe; dem deutete er mit Gebärden, wie sie die Stummen machen, er möge ihm um Gottes willen zu essen geben, wofür er ihm, wenn es nötig sei, Holz spalten werde. Der Verwalter gab ihm bereitwillig zu essen und stellte ihn dann vor ein paar Blöcke, mit denen Nuto nicht hatte zurechtkommen können; Masetto aber, der ein baumstarker Mensch war, hatte sie im Nu klein gemacht. Nun nahm ihn der Verwalter mit in den Busch, wo er zu tun hatte, und ließ ihn dort Holz schlagen; dann stellte er den Esel vor ihn und gab ihm durch Zeichen zu verstehn, er solle das Holz nach Hause bringen. Das verrichtete der Stumme sehr gut, und so behielt ihn der Verwalter zu einigen Arbeiten, die zu tun waren, mehrere Tage bei sich. Auf diese

Art geschah es, daß ihn eines Tages die Äbtissin sah und den Verwalter fragte, wer er sei. Und der sagte zu ihr: »Madonna, das ist ein armer Taubstummer, der dieser Tage um ein Almosen gekommen ist; ich habe es ihm gegeben und habe ihn dann viele Sachen verrichten lassen, die nötig gewesen sind. Wenn er sich darauf verstünde, im Garten zu arbeiten, und hierbleiben wollte, so glaube ich, daß wir an ihm einen trefflichen Knecht hätten, den wir ja brauchten; denn er ist stark und man könnte mit ihm anfangen, was man wollte, und brauchte außerdem nicht zu fürchten, daß er mit Euern Fräulein schäkerte.« Und die Äbtissin sagte zu ihm: »Gottstreu, du hast recht: sieh zu, ob er die Gartenarbeit versteht und trachte ihn dazubehalten; gib ihm etwa ein Paar Schuhe und einen alten Mantel, tu ihm recht schön und geh ihm um den Bart und gib ihm gut zu essen.« Der Verwalter sagte, er werde es tun. Masetto, der nicht weit davon war, hörte das alles, obwohl er sich stellte, als hätte er nur darauf acht, den Hof zu kehren, und sagte sich voller Freude: ›Wenn ihr mich nur dazu anstellt, so will ich euch den Garten so bearbeiten, wie er noch nie bearbeitet worden ist.‹ Als nun der Verwalter gesehn hatte, daß er trefflich zu arbeiten verstand, fragte er ihn durch Zeichen, ob er bleiben wolle, und Masetto antwortete durch Zeichen, er wolle tun, was man wollen werde, so daß ihn der Verwalter aufnahm und ihm die Gartenarbeit übertrug und ihm seine Obliegenheiten zeigte; hierauf ging er den andern Klostergeschäften nach und kümmerte sich nicht mehr um ihn. Da also Masetto einen Tag um den andern im Garten arbeitete, begannen ihn die Nonnen zu necken und zum besten zu haben, wie es die Leute oft den Stummen tun, und sagten ihm in dem Glauben, er verstehe sie nicht, die unflätigsten Worte, die es nur gibt; und die Äbtissin, die vielleicht glaubte, ihm mangle etwas andres geradeso wie die Sprache, scherte sich darum wenig oder gar nicht. Eines Tages aber geschah es, daß sich ihm, der sich nach harter Arbeit ein wenig hingelegt hatte, zwei Klosterfräulein, die im Garten umhergingen, näherten und ihn zu betrachten anfingen, während er sich schlafend stellte. Darum sagte die eine, die etwas keck war, zu der andern: »Wenn ich wüßte, daß ich dir vertrauen kann, so würde ich dir etwas sagen, was mir oft schon in den Sinn gekommen ist und was vielleicht auch dir frommen könnte.« Die andere antwortete: »Sag es nur dreist; ich werde es wahrhaftig keiner Seele jemals sagen.« Nun begann die Kecke: »Ich weiß nicht, ob du schon darüber nachgedacht hast, wie streng wir hier gehalten werden und daß sich kein Mann sonst da herein getraut, außer unserm Verwalter, der ein Greis ist, und diesem Stummen; und zu mehrern Malen habe ich die Frauen, die zu uns gekommen sind, sagen hören, daß alle Wonnen der Welt ein Plunder sind gegen die, die das Weib in dem Umgange mit dem Manne genießt. Darum habe ich es mir schon öfter vorgenommen, es mit diesem Stummen, da ich doch keinen andern haben kann, zu versuchen, ob dem so ist. Und dazu taugt er am allerbesten, weil er es, auch wenn er wollte, nicht wiedersagen könnte; du siehst, er ist ein dummer Bengel, der länger gewachsen ist als sein Verstand: und nun möchte ich gerne hören, was dich darüber bedünkt.« – »O weh«, sagte die andere, »was sagst du da? Weißt du nicht, daß wir unsere Jungfräulichkeit dem Herrgott gelobt haben?« – »Ach was«, sagte die erste, »wieviel wird ihm nicht alle Tage gelobt, ohne daß ihm etwas gehalten würde; haben wir sie ihm gelobt, so wird sich schon eine oder die andere finden, von der er sie erhält.« Und ihre Gesellin sagte zu ihr: »Und wenn wir schwanger würden, was sollte dann werden?« Aber die erste sagte: »Du denkst ans Unglück, bevor es da ist: geschieht es wirklich, dann heißt es denken; und da werden sich hundert Mittel finden, daß nie-

mand etwas davon erfährt, wenn wir's nicht selber sagen.«
Die andere war nun schon lüsterner als die Anstifterin, zu
versuchen, was für ein Tier der Mann sei, und so sagte sie:
»Also gut; wie machen wir's denn?« Und sie bekam zur Antwort: »Du siehst, es geht gegen die dritte Nachmittagsstun-
de, und die Schwestern, glaube ich, schlafen alle außer uns;
sehn wir nach, ob jemand im Garten ist, und ist niemand
hier, was brauchen wir weiter zu tun, als ihn bei der Hand
zu nehmen und in die Hütte da zu führen, wo man bei Regen
untersteht? Die eine bleibt dann drinnen bei ihm, und die andere hält Wache; er ist so dumm, daß er sich in alles fügen
wird, was wir wollen.« Masetto, der das ganze Gespräch gehört hatte und entschlossen war, zu gehorchen, wartete auf
nichts sonst, als daß ihn eine von ihnen nehmen werde. Und
als sie überall Umschau gehalten und sich überzeugt hatten,
daß sie von keiner Seite gesehn werden konnten, trat die,
die das Gespräch angefangen hatte, auf ihn zu und weckte
ihn, und er sprang augenblicklich auf. Sie nahm ihn unter
Liebkosungen bei der Hand und führte ihn, der einfältig
lachte, in die Hütte; dort tat er denn, ohne sich lange einladen zu lassen, alles, was sie wollte. Nachdem sie ihren Willen gehabt hatte, machte sie als treue Gesellin der andern
Platz, und Masetto, der weiter den Tölpel spielte, tat, was
sie wünschten. Darum entschlossen sie sich, bevor sie weg-
gingen, den Versuch, wie der Stumme reiten könne, zu wie-
derholen; und indem sie dann öfter darüber sprachen, gestanden sie einander, die Wonne sei wirklich so groß, ja noch
größer gewesen, als sie gehört hätten, weshalb sie denn auch
fortan zu günstiger Zeit die Gelegenheit wahrnahmen und
den Stummen oft zu ihrer Lust besuchten. Eines Tages aber
geschah es, daß ihnen dabei eine ihrer Gesellinnen vom Zel-
lenfenster aus zusah und sie zwei andern zeigte. Zuerst sprachen sich die drei miteinander dahin aus, daß sie sie bei

der Äbtissin verklagen müßten: dann aber änderten sie ihren Rat und einigten sich mit ihnen und wurden Teilhaberinnen an Masettos Gütchen. Und durch verschiedene Umstände wurden auch die übrigen drei Schwestern zu der Gesellschaft gebracht. Schließlich fand die Äbtissin, die von diesen Dingen noch nichts gemerkt hatte, eines Tages, als sie bei großer Hitze ganz allein im Garten umherging, den armen Masetto, dem die geringe Tagesarbeit wegen der allzu häufigen nächtlichen Ritte hart ankam, im Schatten eines Mandelbaumes lang ausgestreckt schlafen, und der Wind hatte ihm das Hemd zurückgeschlagen, so daß er völlig entblößt war. Bei diesem Anblicke wurde die Dame, die sich allein sah, von derselben Begierde befallen, die ihre Nonnen befallen hatte, und sie weckte Masetto und nahm ihn mit sich in ihr Gemach. Und dort behielt sie ihn zum größten Leidwesen der Nonnen, die sich darüber beklagten, daß er nicht zur Gartenarbeit komme, etliche Tage lang, um die Wonnen, derenthalben sie vorher jede verdammt hatte, zu kosten und wieder zu kosten, bis sie ihn endlich in seine Kammer entließ. Da sie ihn aber immer wieder in Anspruch nahm und mehr von ihm wollte, als auf ihren Teil gekommen wäre, sah Masetto, dem es unmöglich war, so viele zu befriedigen, endlich ein, daß ihm aus seinem Stummsein, wenn er dabei bliebe, ein allzu großer Schaden erwachsen könnte. Als er daher eines Nachts bei der Äbtissin war, löste er das Band seiner Zunge und begann also: »Ich habe mir sagen lassen, Madonna, daß ein Hahn gar wohl zehn Hennen genügt, daß es aber zehn Männer nur schlecht oder mühselig vermögen, ein Weib zu ersättigen; und ich soll ihrer neune bedienen! Das kann ich um nichts in der Welt länger mehr aushalten; ich bin ja auch durch das, was ich bisher geleistet habe, so weit heruntergekommen, daß ich nunmehr weder wenig noch viel leisten kann. Und darum laßt mich entweder in

Gottes Namen ziehen oder trefft in dieser Sache ein Abkommen.« Da die Äbtissin den Menschen, den sie für stumm gehalten hatte, sprechen hörte, war sie ganz verdutzt und sagte: »Was ist das? Ich habe geglaubt, du seiest stumm.« – »Madonna«, sagte Masetto, »ich war es auch, aber nicht von Geburt, sondern von einer Krankheit, die mir die Sprache genommen hat; und erst heute nacht fühle ich, daß sie mir wiedergegeben ist, und dafür lobe ich Gott von ganzem Herzen.« Die Dame glaubte ihm und fragte ihn, was das heißen solle, daß er neun zu bedienen habe. Masetto erzählte ihr den ganzen Handel. Als das die Äbtissin hörte, ward sie inne, daß sie keine Nonne hatte, die nicht viel klüger gewesen wäre als sie; ohne darum Masetto ziehen zu lassen, entschloß sie sich als verständige Dame, mit ihren Nonnen ein Abkommen zu treffen, damit nicht das Kloster durch ihn in einen schlimmen Leumund komme. Und da in diesen Tagen ihr Verwalter gestorben war, einigten sie sich, nachdem sie einander alles, was unter ihnen vorgegangen war, entdeckt hatten, im Einverständnis mit Masetto dahin, den Leuten in der Umgebung weiszumachen, daß ihm nach langer Stummheit durch ihre Gebete und wegen der Verdienste des Heiligen, dem das Kloster geweiht war, die Sprache wiedergegeben worden sei, und machten ihn zu ihrem Verwalter; und seine Pflichten verteilten sie auf eine Weise, daß er sie ertragen konnte. Obwohl er auf diese Art manches Mönchlein erzeugte, ging doch die Sache so gut vonstatten, daß davon nicht früher etwas ruchbar wurde, als nach dem Tode der Äbtissin; um diese Zeit war er schon dem Alter nahe und verlangte danach, mit seinem Reichtum heimzukehren, und dieser Wunsch wurde ihm auch willig gewährt. So kam denn Masetto nach einer klug angewandten Jugend in seinem Alter als reicher Mann und Vater, ohne sich damit geplagt zu haben, die Kinder zu nähren und Geld für sie auszugeben, in die Heimat zurück, die er mit einem Beile auf der Schulter verlassen hatte, und er sagte jedem, der es hören wollte, so verfahre Christus mit denen, die ihm Hörner aufsetzten.

Der geschorene Stallknecht

Ein Stallknecht liegt bei der Gemahlin König Agilulfs; Agilulf entdeckt es, bleibt jedoch ruhig. Er findet den Schuldigen und schneidet ihm die Haare ab; der aber tut den andern desgleichen und rettet sich also.

Als die Geschichte Filostratos, bei der die Damen manchmal errötet waren, manchmal aber auch gelacht hatten, zu Ende war, gefiel es der Königin, daß Pampinea mit dem Erzählen fortfahre. Die begann mit lächelndem Munde und sagte: Es gibt Leute, die unverständig genug sind, immer zeigen zu wollen, daß sie Kenntnis und Kunde von Dingen haben, die sie gerade nicht zu wissen brauchten; und wenn sie daher dann und wann die Vergehen anderer, die sonst unbekannt geblieben wären, tadeln, vermehren sie nur die eigene Schande, statt sie, wie sie glauben, zu vermindern. Und daß das wahr ist, gedenke ich euch, meine reizenden Damen, durch das Gegenteil zu beweisen, indem ich euch erzählen will, wie klug sich ein trefflicher König bei der Verschlagenheit eines Mannes, den ihr vielleicht für geringer halten werdet als Masetto, benommen hat.

Agilulf, König der Langobarden, schlug sein Hoflager, wie seine Vorgänger getan hatten, in Pavia auf, der lombardischen Stadt; zur Gattin hatte er Theudelinde, die Witwe Autharis, der gleicherweise König der Langobarden gewesen war, eine sehr schöne, kluge und gar ehrbare Dame, der aber durch einen Buhlen ein böses Abenteuer widerfahren ist. In der Zeit nämlich, wo im Langobardenreiche durch die Tapferkeit und die Klugheit König Agilulfs Wohlstand und Ruhe herrschten, geschah es, daß sich ein Stallknecht der Königin, der trotz seiner niedrigen Abkunft einen höhern Sinn trug, als zu seinem niedrigen Dienste gepaßt hätte, und von Gestalt schön und groß wie der König war, maßlos in seine Herrin verliebte. Und weil ihm sein geringer Stand die Erkenntnis, daß seine Liebe aller Vernunft widerstritt, nicht genommen hatte, entdeckte er sie als kluger Mann keinem Menschen und wagte es nicht einmal, sie der Königin durch Blicke zu verraten. Und obwohl er ohne Hoffnung lebte, jemals ihre Huld zu gewinnen, so rühmte er sich doch vor sich selber, daß er seinen Sinn auf einen so erhabenen Gegenstand gerichtet hatte; und weil er ganz in den Liebesflammen glühte, trachtete er mehr als jeder von seinen Gesellen, alles zu tun, was seiner Meinung nach der Königin gefallen konnte. Daraus ergab sich, daß die Königin, wenn sie reiten sollte, viel lieber das Pferd, das er wartete, ritt als irgendein andres: und wenn das geschah, so rechnete er es sich zur höchsten Gnade an und wich nicht von ihrem Steigbügel, weil er sich schon selig fühlte, wenn er nur ihr Gewand berühren durfte. Wie wir es aber oft geschehn sehn, daß die Liebe um so mehr zunimmt, je mehr sich die Hoffnung vermindert, so geschah es auch diesem armen Stallknechte, so daß es ihm gar schwer wurde, die große Leidenschaft in der Heimlichkeit, die er beobachtete, zu ertragen, ohne von einer Hoffnung gefördert zu werden; und außerstande, sich von dieser Liebe loszureißen, beriet er sich zu oft Malen mit sich selber, zu sterben. Und indem er nachdachte, wie er das tun sollte, entschloß er sich endlich, so sterben zu wollen, daß es dadurch offenbar werde, daß er um der Liebe willen sterbe, die er für die Königin gehegt habe und hege; und er nahm sich vor, es auf die Weise zu tun, daß er dabei sein Glück versuche, ob er sein Verlangen ganz oder zum Teile stillen könne. Er unternahm es aber keineswegs, der Königin etwas zu sagen oder ihr seine Liebe durch einen Brief wissen zu machen, weil er wußte, daß es eitel gewesen wäre, ihr etwas zu sagen oder zu schreiben; sondern er wollte den Versuch machen, ob er durch List bei ihr liegen könne. Und dabei konnte es sich um keine andere List handeln, als ein Mittel zu finden, daß er, als ob er der König wäre, der, wie er wußte, nicht immer bei ihr schlief, zu ihr gelangen und in ihr Gemach gehn könne. Um deshalb zu sehn, wie und in welcher Kleidung der König gehe, wann er zu ihr gehe, verbarg er sich mehrere Male des Nachts in einem großen Saale des königlichen Schlosses, der zwischen dem Gemache des Königs und dem der Königin war; und da sah er eines Nachts, daß der König sein Gemach in einen weiten Mantel gehüllt verließ und in der einen Hand eine brennende Kerze und in der andern eine Gerte hielt und zum Gemache der Königin ging und, ohne ein Wort zu sagen, ein- oder zweimal mit der Gerte an die Tür klopfte, und daß ihm unverzüglich geöffnet und die Kerze aus der Hand genommen wurde. Als er das gesehn und ihn auf ähnliche Weise hatte zurückkommen sehn, gedachte er es ebenso zu machen. Er verschaffte sich also einen ähnlichen Mantel, wie jener war, den er beim Könige gesehn hatte, und eine Kerze und ein Stäbchen; und nachdem er sich im Bade wohl gewaschen hatte, damit nicht etwa der Geruch des Mistes die Königin anwidere oder ihr die Täuschung verrate, verbarg er sich mit diesen Dingen so wie sonst in dem großen Saale. Und als er merkte, daß alles schlief, und es ihm an der Zeit schien, entweder sein Verlangen zu stillen oder dem ersehnten Tode hochgemut den Weg zu bahnen, schlug er mit Stein und Stahl, die er mitgebracht hatte, Feuer, zündete seine Kerze an, zog den Mantel, in den er sich gehüllt hatte, zusammen, ging zur Tür des Gemaches und klopfte zweimal mit der Gerte. Eine ganz verschlafene Kammerfrau öffnete ihm und nahm ihm das Licht aus der Hand und verbarg es; und so bestieg er, nachdem er die Vorhänge zurückgeschlagen und den Mantel abgelegt hatte, ohne ein Wort zu sagen, das Bett, wo die Königin schlief. Da er des Königs Gewohnheit kannte, daß er, wenn er verdrießlich war, nichts hören wollte, stellte er sich verdrießlich; und so redete weder er noch sie ein Wort, als er sie sehnsüchtig in die Arme schloß und zu mehrern Malen erkannte. Und obwohl ihm der Abschied schwer ankam, so erhob er sich doch aus Furcht, ein allzu langes Verweilen könnte der Grund werden, daß sich ihm die genossene Lust in Trübsal verkehre, und nahm seinen Mantel und das Licht, ging, ohne etwas zu sagen, weg und kehrte so rasch wie nur möglich in sein Bett zurück. Dort konnte er kaum angelangt sein, als der König, der aufgestanden war, ins Gemach der Königin kam, die darüber baß erstaunt war; und als er ins Bett gestiegen war und sie freudig begrüßt hatte, sagte sie, die sich bei seiner Freude ein Herz gefaßt hatte: »Aber Herr, was ist denn heute nacht los? Eben habt Ihr mich erst verlassen, und obwohl Ihr Euch an mir mehr ergötzt habt als sonst, kehrt Ihr so bald wieder zurück! Nehmt Euch in acht, was Ihr tut.« Als der König diese Worte hörte, war es ihm auch schon klar, daß die Königin durch eine Ähnlichkeit des Benehmens und der Gestalt getäuscht worden war; aber als kluger Mann entschloß er sich sofort, die Königin nichts merken zu lassen von dem, was sie ebensowenig wie sonst jemand gemerkt hatte. Gar mancher Dummkopf hätte das nicht getan, sondern gesagt: ›Ich war ja gar nicht hier; wer ist das, der hier war? Wie ist es denn zugegangen, und was war weiter?‹ Und das Ende davon wäre gewesen, daß er dadurch die Dame zu Unrecht gekränkt und ihr überdies einen Anlaß gegeben hätte, auch ein andermal das zu begehren, was sie schon verkostet hatte; und mit dem, was ihm, wenn es verschwiegen blieb, nie zur

Schande ausschlagen konnte, hätte er sich, wenn er geredet hätte, eine große Schmach zugezogen. Der König antwortete also, mehr innerlich verstört als im Gesichte oder in den Worten: »Scheine ich Euch nicht Manns genug, Frau, wiederzukommen, wenn ich auch erst da war?« Und die Dame antwortete ihm: »O ja, Herr, aber allwege bitte ich Euch, auf Eure Gesundheit achtzuhaben.« Nun sagte der König: »So will ich denn meinetwegen Euerm Rate folgen und für dieses Mal weggehn, ohne Euch weiter zu belästigen.« Und das Herz voll Zorn und Erbitterung wegen dessen, was ihm, wie er sah, geschehn war, nahm er seinen Mantel wieder und verließ das Gemach; und er beabsichtigte, in der Stille zu erkunden, wer der Täter sei, von dem er überzeugt war, er müsse vom Hause sein und habe das Haus, wer immer er sei, noch nicht verlassen können. Nachdem er daher ein Laternchen mit einem kleinen Lichte genommen hatte, begab er sich in einen langen Gang in seinem Schlosse, der über den Pferdeställen war und wo schier seine ganze Dienerschaft in verschiedenen Betten schlief; und weil er meinte, daß sich bei dem, der das, was die Dame gesagt hatte, getan habe, der Anstrengung halber weder Puls noch Herzschlag beruhigt haben könnte, legte er, an dem einen Ende des Ganges beginnend, nach und nach einem jeden die Hand auf die Brust, um zu fühlen, ob sein Herz poche. Alle andern schliefen fest, nur der, der bei der Königin gewesen war, schlief noch nicht; als er daher den König kommen sah, begann er sich, weil er erriet, was der König suchte, heftig zu fürchten, so daß sein Herzklopfen, das von der Anstrengung herrührte, durch die Angst noch ärger wurde, und er zweifelte nicht im mindesten, der König werde ihn, wenn er das merken werde, unverzüglich töten. Und obwohl ihm mancherlei, was er tun wollte, durch den Kopf ging, faßte er doch, als er den König unbewaffnet sah, den Entschluß, sich schlafend zu stellen und zu warten, was er tun werde. Der König hatte schon viele befühlt, ohne einen gefunden zu haben, den er für den Schuldigen gehalten hätte, bis er endlich zu ihm kam; und als er fühlte, daß sein Herz heftig klopfte, sagte er bei sich: ›Der ist's.‹ Da er aber nicht im Sinne hatte, das, was er tun wollte, jemand wissen zu lassen, tat er ihm nichts sonst, als daß er ihm mit einer Schere, die er mitgebracht hatte, die Haare, die damals lang getragen wurden, auf einer Seite zum Teile abschnitt, um ihn an diesem Zeichen am nächsten Morgen zu erkennen; und nachdem das getan war, ging er weg und kehrte in sein Gemach zurück. Der Stallknecht, dem nichts entgangen war, erriet als verschlagener Mensch klärlich, warum er ihn also gezeichnet hatte: darum erhob er sich, ohne sich lange zu besinnen, holte eine von den Scheren, die zufällig der Pferde wegen im Stalle waren, und ging leise zu allen, so viele ihrer in dem Gange schliefen, und schnitt ihnen allen in gleicher Weise die Haare über dem Ohre ab; und nachdem er das, ohne bemerkt worden zu sein, getan hatte, legte er sich wieder schlafen. Kaum war der König am Morgen aufgestanden, so befahl er, daß seine ganze Dienerschaft, noch bevor die Schloßtore geöffnet würden, vor ihm erscheine, und so geschah es. Als sie nun allesamt barhäuptig vor ihm standen, begann er Umschau zu halten, um den zu finden, den er geschoren hatte; da er aber sah, daß der größere Teil von ihnen die Haare auf dieselbe Weise abgeschnitten hatte, sagte er sich voll Verwunderung: ›Ist auch der, den ich suche, niedrigen Standes, so zeigt er doch eine hohe Klugheit.‹ Und weil er sah, daß er den, den er suchte, ohne Aufsehn nicht herausbekommen konnte, und weil es nicht seine Absicht war, sich um einer geringfügigen Rache willen eine große Schmach zuzuziehen, beschied er sich damit, ihn mit einem Worte zu ermahnen und ihm zu zeigen, daß er alles wisse; und so sagte er, zu allen gewandt: »Wer es getan hat, soll es nicht mehr tun; und nun geht mit Gott.« Ein anderer hätte sie an den Strick spannen, peinlich befragen und verhören lassen, und indem er das getan hätte, hätte er entdeckt, was jeder verdecken soll; und hätte er ihn wirklich entdeckt und sich an ihm völlig gerächt, so hätte er seine Schmach nicht verringert, sondern um vieles vermehrt und die Ehre seiner Gemahlin befleckt. Die, die diese Rede hörten, verwunderten sich darüber und fragten lange untereinander herum, was der König damit habe sagen wollen: aber es war sonst keiner, der die Rede verstanden hätte, als der eine, den sie anging. Als kluger Mann entdeckte er niemand etwas davon, solange der König lebte, und setzte auch nie mehr sein Leben in einem solchen Handel aufs Spiel.

Bruder Puccio und die Buße

Don Felice lehrt Bruder Puccio eine Buße, die ihm die Selig-
keit gewinnen soll; Bruder Puccio unterzieht sich dieser Bu-
ße, und unterdessen läßt es sich Don Felice mit seiner Frau
gut geschehn.

Als Filomena ihre Geschichte beendet hatte und schwieg,
pries Dioneo mit schönen Worten die Klugheit der Dame
und auch das Gebet, das Filomena am Schlusse gesprochen
hatte; dann blickte die Königin lächelnd Panfilo an und sagte: Nun, Panfilo, fahre zu unserer Lust mit einem hübschen
Spaße fort. Panfilo antwortete unverzüglich, das tue er gern,
und begann: Es gibt viele Leute, Madonna, die, während sie
selber ins Paradies zu kommen trachten, andere hineinbrin-
gen, ohne daß sie es gewahr würden; so ist es auch, wie Ihr
hören werdet, vor gar nicht langer Zeit einer Landsmännin
von uns ergangen.

Wie ich mir habe sagen lassen, war in der Nähe von San
Brancazio ein guter, reicher Mann, Puccio di Rinieri mit Namen, der seinen Sinn im Laufe der Zeit ganz auf die geistlichen Dinge gestellt hatte, so daß er schließlich in den dritten Orden des heiligen Franziskus eintrat; und indem er,
der nun Bruder Puccio genannt wurde, diesem geistlichen
Lebenswandel nachhing, besuchte er, weil sein Hauswesen
nur aus seiner Frau und einer Magd bestand, so daß er kein
Handwerk zu betreiben brauchte, fleißig die Kirche. Und
weil er ein Dummkopf und grobschrötiger Mensch war, sagte er seine Vaterunser her, ging in die Predigten und hörte

Messen und fehlte nie, wann die Laienbrüder Loblieder sangen, und fastete und geißelte sich, und man erzählte sich, daß er Geißelbruder sei. Seine Gattin, Monna Isabetta mit Namen, eine noch junge Frau von achtundzwanzig bis dreißig Jahren, die frisch und hübsch und rundlich, wie sie war, einem Franzapfel glich, war wegen der Frömmigkeit ihres Mannes und vielleicht auch wegen seines Alters gar oft länger auf schmale Kost gesetzt, als sie gewünscht hätte; und wenn sie schlafen oder etwa mit ihm Kurzweil treiben wollte, erzählte er ihr Christi Leben oder die Predigten des Bruders Anastasius oder Magdalenas Klage oder sonst derlei Dinge. In dieser Zeit kam von Paris ein Mönch heim, Don Felice genannt, ein Klostergeistlicher von San Brancazio, der schön von Leibe und gar jung war und einen scharfen Geist und ein tiefes Wissen hatte, und dem schloß sich Bruder Puccio eng an. Und weil ihm der Geistliche jeden Zweifel trefflich löste und sich überdies, als er innegeworden war, mit wem er's zu tun hatte, als sonderlich frommer Mann zeigte, begann ihn Bruder Puccio dann und wann in sein Haus mitzunehmen und ihn, wie es sich traf, zum Mittagmahle oder zum Abendessen einzuladen; und ihrem Manne zuliebe hatte ihm bald auch die Frau ihr Vertrauen geschenkt und ließ es nicht an Aufmerksamkeiten für ihn fehlen. Da also der Mönch seinen Verkehr in Bruder Puccios Hause fortsetzte und die Frau so frisch und rundlich sah, erriet er wohl, woran es ihr vor allem mangelte, und um Bruder Puccio die Mühe abzunehmen, beschloß er ihr darin, wenn es möglich sein werde, auszuhelfen. Und indem er ihr zuweilen listig einen Blick zuschoß, brachte er's dahin, daß er in ihrem Herzen dasselbe Verlangen entzündete, das in seinem brannte; und als er das gemerkt hatte, nahm er die Gelegenheit wahr und sagte ihr seine Wünsche. Obgleich er sie wohlgeneigt fand, ihn gewähren zu lassen, war es doch unmöglich, ein Mittel dazu zu finden, weil sie sich sonst nirgends auf der Welt mit ihm zusammenzusein getrauen wollte, als in ihrem Hause; und in ihrem Hause war es unmöglich, weil Bruder Puccio niemals verreiste; darüber war denn der Mönch sehr bekümmert. Nach vielem Sinnen verfiel er aber doch auf ein Mittel, mit der Frau in ihrem Hause ohne jeglichen Verdacht, sogar bei Anwesenheit Bruder Puccios, zusammensein zu können. Und als ihn Bruder Puccio eines Tages besuchen gekommen war, sprach er also zu ihm: »Ich habe schon oft bemerkt, Bruder Puccio, daß dein ganzes Trachten dahin geht, die ewige Seligkeit zu erlangen; mich dünkt aber, daß du da einen langen Weg gehst, wo es doch einen sehr kurzen gäbe. Freilich wollen es der Papst und die Kirchenfürsten, die ihn kennen und einschlagen, nicht, daß er den Leuten gezeigt werde; denn die Klerisei, die ja zum größten Teile von Almosen lebt, wäre auf der Stelle zugrunde gerichtet, weil ihr die Laien fortan weder Almosen noch sonst etwas zuwenden würden. Da du aber mein Freund bist und mir viel Ehre erzeigt hast, würde ich ihn dir weisen, wenn ich nur glauben könnte, daß du ihn keinem Menschen auf der Welt entdecktest und ihm folgen wolltest.« Voller Begierde begann Bruder Puccio damit, daß er den Mönch inständigst bat, ihm ihn zu zeigen, schwor ihm dann, daß er davon, außer mit seiner Einwilligung, niemals jemand etwas sagen werde, und schloß mit der Beteuerung, er werde ihn sicherlich einschlagen, wenn er nur so sei, daß er ihm folgen könne. »Weil du mir also das versprichst«, sagte der Mönch, »so will ich ihn dir mitteilen. Du mußt wissen, daß nach den heiligen Kirchenvätern jeder, der selig werden will, die folgende Buße tun muß; aber versteh mich nur recht: ich sage nicht, daß du nach der Buße nicht ein ebensolcher Sünder wärest, wie du jetzt bist, wohl aber wird es geschehn, daß die Sünden, die du bis zur Stunde der Buße begangen hast, alle bereinigt und dir der Buße halber vergeben sein werden; die hingegen, die du nachher begehn wirst, werden dir nicht zu deiner Verdammnis angerechnet, sondern mit dem Weihwasser abgewaschen werden, so wie es jetzt bei den läßlichen zutrifft. Vor allem soll also der Mensch, wenn er die Buße beginnt, seine Sünden gewissenhaft beichten; dann muß er fasten und strenge Enthaltsamkeit zu üben beginnen und das vierzig Tage lang fortsetzen, und in dieser Zeit darfst du, von andern Frauen gar nicht zu reden, aber auch deine eigene nicht anrühren. Weiter mußt du in deinem eigenen Hause einen Ort haben, wo du des Nachts den Himmel sehn kannst, und dorthin mußt du gegen Sonnenuntergang gehn, und dort muß ein breites Brett sein, das so aufgestellt ist, daß du dich, wenn du davorstehst, mit dem Rücken anlehnen und die Arme, die du, wenn du willst, durch Pflöckchen unterstützen magst, wie ein Gekreuzigter ausstrecken kannst, während die Füße auf dem Boden bleiben; und in dieser Weise mußt du, die Augen gen Himmel gerichtet, bis zur Mettenzeit stehnbleiben, ohne dich zu regen. Und wärest du ein gelehrter Mann, so müßtest du dabei gewisse Gebete sprechen, die ich dir geben würde; weil du es aber nicht bist, so wird es deine Aufgabe sein, dreihundert Vaterunser und dreihundert Ave-Maria zu Ehren der Dreifaltigkeit zu sprechen und, den Himmel unverwandt betrachtend, stets deine Gedanken darauf zu richten, daß der Herrgott der Schöpfer des Himmels und der Erde gewesen ist, und dich zu erinnern, was Christus in derselben Stellung wie du am Kreuze gelitten hat. Wann es dann zur Mette läutet, kannst du, wenn du willst, gehn und dich, ohne dich zu entkleiden, auf dein Bett werfen und schlafen, und am Morgen sollst du in die Kirche gehn und mindestens drei Messen hören und fünfzig Vaterunser und ebensoviele Ave-Maria beten; hierauf kannst du lautern Sinnes deine Geschäfte verrichten, wenn du welche zu verrichten hast, und

dann zu Mittag essen. Zur Vesper mußt du aber wieder in der Kirche sein und gewisse Gebete sprechen, die ich dir in einer Abschrift geben werde und ohne die alles unnütz wäre; und nach Sonnenuntergang fängst du wieder von vorne an. Und tust du das, so wie ich es getan habe, so hoffe ich, daß du, noch bevor du ans Ende der Buße gekommen bist, von der ewigen Seligkeit wundersame Dinge verspüren sollst, wenn du nämlich alles mit andächtigem Herzen getan hast.«
Nun sagte Bruder Puccio: »Das ist nicht allzu schwer, dauert nicht allzu lang und läßt sich ganz leicht machen; darum will ich in Gottes Namen am Sonntag damit anfangen«; und er verließ den Mönch und ging nach Hause und erzählte seiner Frau alles der Reihe nach, was ihm selbstverständlich erlaubt worden war. Die Frau verstand sehr wohl, was der Mönch mit dem regungslosen Stillstehn bis zur Mette sagen wollte; und weil ihr dieses Mittel gar gut zu sein schien, sagte sie, sie sei mit diesen und allen andern guten Werken, die er für sein Seelenheil verrichte, einverstanden und wolle, wenn sie schon sonst nichts tue, wenigstens mit ihm fasten, auf daß ihm Gott in seiner Buße gnädig sei. Da sie also völlig einig waren, begann Bruder Puccio, als der Sonntag gekommen war, seine Buße, und der hochwürdige Herr, der sich mit der Frau verabredet hatte, kam sie an den meisten Abenden zu einer Stunde, wo er nicht gesehn werden konnte, besuchen, aß und trank mit ihr von den guten Sachen, die er mitgebracht hatte, und legte sich mit ihr nieder; um die Mettenzeit stand er auf und machte sich davon, und Bruder Puccio ging zu Bette. Nun war der Ort, den Bruder Puccio für seine Buße gewählt hatte, neben der Kammer, wo seine Frau lag, und nichts war dazwischen als eine ganz dünne Mauer; als daher einmal der Mönch mit der Frau und sie mit ihm allzu eifrig schäkerte, war es Bruder Puccio, als ob die Dielen zitterten, so daß er, der eben das erste Hundert seiner Vater-

unser hergesagt hatte, innehielt und, ohne sich zu rühren, die Frau anrief und fragte, was sie mache. Die Frau, die gar schalkhaft war und vielleicht just das Tier von St. Benedikt oder eigentlich von St. Giovanni Gualberti, der die grauen Mönche gestiftet hat, ritt, antwortete: »Meiner Treu, Mann, ich werfe mich herum, was ich nur kann.« Darauf sagte Bruder Puccio: »Wieso wirfst du dich herum? Was soll denn dies Herumwerfen heißen?« Heiter lachend antwortete sie, die eine wackere Frau war und etwa einen Grund zu lachen hatte: »Wie, Ihr wißt nicht, was das heißen soll? Habe ich Euch doch tausendmal sagen hören: Wer abends hungrig schlafen geht, findet keine Ruh im Bett.« Bruder Puccio glaubte, das Fasten sei schuld daran, daß sie nicht schlafen könne und sich darum im Bette herumwerfe, und so sagte er treuherzig: »Ich habe dir ja gesagt, Frau, du sollst nicht fasten; weil du es aber nun einmal hast tun wollen, so denke nicht daran und sieh zu, daß du einschläfst; du gibst ja dem Bette einen Ruck nach dem andern, daß das ganze Haus zittert.« Nun sagte die Frau: »Kümmert Euch nicht darum; ich weiß recht gut, was ich tue; tut nur Ihr das Eurige, ich werde schon das meinige tun, so gut ich kann.« Bruder Puccio war ruhig und machte sich wieder an seine Vaterunser; und die Frau und der hochwürdige Herr ließen sich von dieser Nacht an in einem andern Teile des Hauses ein Bett machen, und dort unterhielten sie sich trefflich, solange Bruder Puccios Buße dauerte, und der Mönch entfernte sich immer erst, wenn die Frau in ihr altes Bett ging, wo sich bald darauf Bruder Puccio nach vollbrachter Buße einfand. Indem sie in dieser Weise alle drei fortfuhren, Bruder Puccio in seiner Buße und die andern zwei in ihrer Lust, sagte die Frau zu oft Malen scherzend zum Mönche: »Du läßt Bruder Puccio Buße tun, und wir sinds, denen das Paradies zuteil geworden ist.« Und weil sie sich dabei gar wohl befand, gewöhnte sie sich so an die

Kost, die ihr der Mönch reichte, daß sie, die von ihrem Manne lange schmal gehalten worden war, auch als dessen Buße zu Ende war, Mittel und Wege fand, sich mit ihm anderswo zu sättigen; und da sie vorsichtig zu Werke ging, war ihr Vergnügen von langer Dauer. So ist es denn, damit sich nicht die Schlußworte von denen des Eingangs unterscheiden, dazu gekommen, daß Bruder Puccio, der mit seiner Buße ins Paradies zu kommen gedachte, sowohl den Mönch, der ihm den nächsten Weg dorthin gezeigt hatte, als auch seine Frau hinein brachte, die er gar sehr an dem darben ließ, womit sie der hochwürdige Herr als barmherziger Mann reichlich versorgte.

Das Herz des Geliebten

Tancredi, Fürst von Salerno, tötet den Geliebten seiner Tochter und schickt ihr sein Herz in einer goldenen Schale; sie schüttet vergiftetes Wasser darüber und trinkt es und stirbt also.

Einen traurigen Vorwurf hat uns der König für die heutigen Erzählungen gegeben, wenn man bedenkt, daß wir, die wir doch hergekommen sind, um uns zu erheitern, von fremden Tränen berichten sollen, von denen man nicht sprechen kann, ohne daß, wer spricht und wer zuhört, Mitleid hätte. Vielleicht hat er's getan, um die Fröhlichkeit der vergangenen Tage etwas auszugleichen; was immer aber sein Grund gewesen sein mag, so will ich, da es mir nicht zusteht, seinen Gefallen zu ändern, eine klägliche, ja unselige und euerer Tränen würdige Begebenheit erzählen.

Tancredi, Fürst von Salerno, war ein leutseliger Herr von gutmütigem Sinne – hätte er nur nicht in seinem Alter seine Hände mit dem Blute von Liebenden befleckt –, der zeitlebens nur eine einzige Tochter hatte, und er wäre glücklicher gewesen, hätte er auch sie nicht gehabt. Die liebte er so zärtlich, wie nur je ein Vater seine Tochter geliebt hat, und diese zärtliche Liebe war der Grund, daß er sie, auch als sie das Alter der Mannbarkeit schon um viele Jahre überschritten hatte, nicht vermählte, weil er es nicht über sich brachte, sich von ihr zu trennen; nachdem er sie aber endlich einem Sohne des Herzogs von Capua gegeben hatte, wurde sie schon nach kurzer Ehe Witwe und kehrte zum Vater zurück. Sie war so schön von Leib und Antlitz, wie nur je ein Weib gewesen ist, und jung und munter und hatte mehr Wissen, als etwa von einer Frau verlangt wird. Während sie nun bei ihrem zärtlichen Vater das vergnügliche Leben einer großen Dame führte, sah sie, daß der Vater um der großen Liebe willen, die er zu ihr trug, es sich wenig angelegen sein ließ, sie wieder zu vermählen; und da es ihr nicht ehrbar schien, es von ihm zu fordern, gedachte sie, sich, wenn es sein könnte, heimlich einen wackern Geliebten zu verschaffen. Und indem sie viele Männer am Hofe ihres Vaters sah, Edelleute und andere, wie wir sie an den Höfen sehn, und das Betragen und Gehaben von vielen betrachtete, gefiel ihr unter ihnen ein junger Diener ihres Vaters, der Guiscardo hieß, ein Mann von gar niedriger Geburt, aber durch Trefflichkeit und Betragen edler als jeder andere, und für ihn entbrannte sie, da sie ihn öfter sah, in aller Stille in heißer Liebe, allstündlich sein Wesen höher preisend. Und der Jüngling, der das, weil es auch ihm nicht an Klugheit fehlte, bald gewahr geworden war, hatte sie auf eine solche Weise in sein Herz geschlossen, daß er schier alles außer den Gedanken an seine Liebe aus seinem Sinn entfernt hatte. Indem die junge Frau bei dieser gegenseitigen Liebe nichts so sehr ersehnte als ein Zusammensein mit ihm, ersann sie, weil sie diese Liebe niemand anvertrauen wollte, eine neue List, um ihn über die Art und Weise zu unterrichten. Sie schrieb einen Brief und gab ihm darin an, was er am folgenden Tage zu tun habe, um zu ihr zu gelangen; diesen Brief steckte sie in ein Schilfrohr, und das gab sie Guiscardo scherzend mit den Worten: »Mach daraus heute abend ein Blasrohr, womit deine Magd das Feuer anfachen mag.« Guiscardo, der sofort erriet, daß sie es ihm nicht ohne Grund gegeben und nicht ohne Grund so gesprochen hatte, ging, nachdem er es genommen hatte, weg und trug es heim; und als er beim Betrachten des Rohres merkte, daß es gespalten war, öffnete er es, und als er den Brief gefunden und gelesen hatte, verstand er gar wohl, was er zu tun hatte. Nun war er zufriedener als je ein Mann und ging sofort daran, alle Anstalten zu treffen, um auf die ihm von ihr angegebene Art und Weise zu ihr zu gelangen. Nächst dem Palaste des Fürsten war eine in den Berg gehauene Höhle, die vor undenklichen Zeiten gemacht worden war, und diese Höhle erhielt etwas Licht durch ein in den Berg gebrochenes Loch, das aber, weil die Höhle vernachlässigt war, Dörner und Strauchwerk überwuchert hatten; in die Höhle führte aus einer von der Dame bewohnten Kammer im Erdgeschosse des Palastes eine geheime Stiege hinab, die aber durch eine sehr starke Tür abgeschlossen war. Und weil diese Stiege seit weiß Gott wie lange nicht mehr benutzt worden war, war sie allgemein so in Vergessenheit geraten, daß sich kaum jemand erinnerte, daß sie da war; aber die Liebe, vor deren Augen nichts so verborgen ist, daß sie nicht hindränge, hatte sie der verliebten Dame ins Gedächtnis zurückgerufen. Damit nun niemand etwas davon gewahr werden könne, hatte sie viele Tage lang alle Mühe darauf verwandt, bis es ihr gelang, die Tür zu öffnen; nachdem sie nun allein in die nun offene Höhle hinabgestiegen war, hatte sie, weil sie das Luftloch bemerkt hatte, Guiscardo die Botschaft zukommen lassen, er solle trachten, dorthin zu kommen, und hatte ihm auch die Höhe angegeben, die es von dort bis zur Erde haben mochte. Um das ins Werk zu setzen, beschaffte sich Guiscardo unverzüglich einen Strick mit gewissen Knoten und Schlingen, der ihm gestatten sollte, abwärts und aufwärts zu klettern, zog zum Schutze vor den Dornen ein Lederkoller an und begab sich in der Nacht, ohne es jemand wissen zu lassen, zu dem Luftloche, knüpfte das eine Ende des Strickes an einen starken Stamm, der neben dem Loche gewachsen war, ließ sich in die Höhle hinunter und wartete auf die Dame. Die schickte am nächsten Tage unter dem Vorwande, daß sie schlafen wolle, ihre Frauen fort, schloß sich allein in der Kammer ein, öffnete die Tür und stieg in die Höhle hinab, wo Guiscardo ihrer harrte; nach wundersamen gegenseitigen Freudenbezeigungen gingen sie miteinander in ihre Kammer, und dort verbrachten sie ein gutes Stück des Tages in eitel Lust und Wonne: und nachdem sie kluge Verabredungen getroffen hatten, auf daß ihr Liebeshandel geheim bleibe, ging Guiscardo zurück in die Höhle, und sie versperrte die Tür und ging zu ihren Frauen hinaus. In der nächsten Nacht kletterte Guiscardo an seinem Stricke hinauf, stieg durch das Loch hinaus, durch das er hereingekommen war, und kehrte heim. Und da er nun diesen Weg wußte, legte er ihn im Laufe der Zeit zu oft Malen zurück. Aber das Geschick mißgönnte den beiden Liebenden eine so lange und so große Lust und verkehrte ihr Glück durch ein schmerzliches Ereignis in Traurigkeit und Tränen. Tancredi hatte die Gewohnheit, manchmal ganz allein in das Gemach seiner Tochter zu kommen und dort mit ihr plaudernd zu verweilen und dann wieder zu gehn. So kam er auch eines Tages nach dem Essen zu einer Zeit hinunter, wo die Dame, die Ghismonda hieß, gerade mit allen ihren Frauen im Garten war; ohne von jemand gesehn oder gehört zu werden, trat er in das Gemach, dessen Fenster geschlossen waren, und setzte sich, weil er sie nicht in ihrem Vergnügen stören wollte, auf eine kleine Truhe am Fußende des Bettes, dessen Vorhänge zurückgeschlagen waren; er lehnte den Kopf ans Bett und zog den Vorhang über sich, als ob er sich dort hätte mit Fleiß verstecken wollen, und schlief ein. Und während er also schlief, ließ Ghismonda, die ihren Guiscardo unglücklicherweise für diesen Tag bestellt hatte, ihre Frauen im Garten, trat ins Gemach, verschloß es und öffnete, ohne sich zu versehn, daß jemand hier sein könnte, dem sie erwartenden

Guiscardo die Tür, und sie gingen, wie sie gewohnt waren, zu Bette, um miteinander zu scherzen und der Lust zu pflegen; und derweil geschah es, daß Tancredi erwachte, so daß er alles hörte und sah, was Guiscardo und seine Tochter trieben: darüber über die Maßen erbost, wollte er sie zuerst beschimpfen, entschloß sich aber dann, zu schweigen und, wenn es möglich sei, verborgen zu bleiben, damit er das, was ihm schon in den Sinn gekommen war, daß er tun müsse, mit mehr Bedachtsamkeit und mit weniger Schande für ihn tun könne. Die Liebenden verweilten, wie sie gewohnt waren, eine geraume Zeit miteinander, ohne daß sie Tancredi bemerkt hätten; und als es ihnen an der Zeit schien, stiegen sie aus dem Bette: Guiscardo ging in die Höhle zurück, und sie verließ das Gemach. Tancredi ließ sich trotz seines Alters von einem Fenster in den Garten hinab und ging, von niemand bemerkt, auf den Tod betrübt, in sein Gemach. Und auf einen von ihm gegebenen Befehl wurde Guiscardo in der nächsten Nacht, als er eben um die Zeit des ersten Schlafes aus dem Loche schlüpfen wollte, wehrlos, wie er in dem Lederkoller war, von zweien gegriffen und heimlich zu Tancredi geführt. Als ihn der sah, sagte er schier unter Tränen: »Guiscardo, meine Güte für dich hätte nicht den Schimpf und die Schande verdient, die du mir, wie ich heute mit meinen Augen gesehn habe, an dem, was mein ist, angetan hast.« Darauf sagte Guiscardo nichts sonst als: »Die Liebe vermag mehr als Ihr und ich.« Nun befahl Tancredi, daß er in aller Stille in einem Gemache nebenan bewacht werde, und so geschahs. Am nächsten Tage ging Tancredi, nachdem er viele und mancherlei seltsame Gedanken erwogen hatte, nach dem Essen in das Gemach seiner Tochter, ließ sie, die von dem Vorgegangenen nichts wußte, rufen und schloß sich mit ihr ein und begann unter Tränen also: »Ghismonda, da ich der Meinung war, ich kennte deine Tugend und Ehrbarkeit, so hätte es mir, und wäre es mir hundertmal gesagt worden, nie in den Sinn wollen, wenn ich's nicht mit meinen Augen gesehn hätte, daß du dich einem Manne, der nicht dein Gatte ist, hingegeben hättest, ja daß du auch nur daran gedacht hättest; nun werde ich in der Erinnerung daran den kleinen Rest meines Lebens, den mir mein Alter noch gewährt, in steter Verbitterung verbringen. Wollte Gott, du hättest wenigstens, da du einmal zu einer solchen Schändlichkeit herabsinken solltest, einen Mann genommen, der sich zu deinem Adel geschickt hätte; aber unter so vielen Männern an meinem Hofe hast du Guiscardo gewählt, einen Jüngling von dem niedrigsten Stande, der an unserm Hofe, sozusagen um Gottes willen, von Kindheit an bis zum heutigen Tage auferzogen worden ist: damit hast du mir eine arge Herzenspein bereitet, weil ich nicht weiß, was für eine Entscheidung ich deinetwegen treffen soll. Wegen Guiscardo, den ich heute nacht habe greifen lassen, als er aus dem Luftloche geschlüpft ist, und den ich nun gefangenhalte, habe ich meine Entscheidung schon getroffen; aber mit dir, weiß Gott, weiß ich nicht, was tun. Von der einen Seite zieht mich die Liebe, die ich zu dir stets in größerm Maße getragen habe, als je ein Vater zu seiner Tochter getragen hat, auf der andern Seite der gerechte Unwille, der mich über deine große Torheit befallen hat: die Liebe will, daß ich dir verzeihe, und der Unwille, daß ich wider meine Natur grausam gegen dich sei; bevor ich aber eine Entscheidung treffe, will ich hören, was du dazu zu sagen hast.« Und nach diesen Worten neigte er sein Gesicht und weinte wie ein geschlagenes Kind. Ghismonda fühlte bei der Rede des Vaters, woraus sie entnahm, daß nicht nur ihre heimliche Liebe entdeckt war, sondern daß auch Guiscardo gefangen war, einen unbeschreiblichen Schmerz und war oft nahe daran, diesem Schmerze nach Frauenart mit Klagen und Tränen Ausdruck zu geben;

indem aber ihr hoher Sinn diese Schwäche überwand, bewahrte sie mit wunderbarer Kraft die Ruhe ihres Antlitzes und sie faßte, in der Meinung, Guiscardo sei schon tot, den Entschluß, lieber ihr Leben zu lassen, als irgendeine Bitte für sich zu tun. Darum antwortete sie ihrem Vater nicht wie eine betrübte oder eines Vergehns bezichtigte Frau, sondern unbekümmert und beherzt mit trockenen Augen und offenem, nicht im mindesten verstörtem Antlitz und sagte zu ihm: »Tancredi, ich bin weder zu leugnen noch zu bitten gesonnen; zu leugnen nicht, weil mir das nichts nützte, nicht zu bitten, weil ich nicht will, daß mir das nützte, und ich gedenke auch in keiner Weise deine Milde und deine Liebe zur Güte zu stimmen, sondern ich will die Wahrheit gestehn und zuerst meine Ehre mit triftigen Gründen verteidigen, dann aber tapfer das tun, was die Hoheit meines Sinnes verlangt. Es ist wahr, ich habe Guiscardo geliebt und liebe ihn und werde ihn zeitlebens, was nicht lange sein wird, lieben, und wenn es nach dem Tode noch eine Liebe gibt, so werde ich nimmer aufhören, ihn zu lieben; dazu hat mich aber nicht so sehr meine weibliche Schwäche getrieben als dein geringer Eifer, mich zu vermählen, und seine Trefflichkeit. Dir hätte es, Tancredi, bekannt sein sollen, daß du, der du aus Fleisch bist, eine Tochter aus Fleisch und nicht aus Stein und Eisen gezeugt hast, und du hättest dich erinnern müssen, und müßtest dich, obwohl du heute alt bist, noch jetzt erinnern, was die Gesetze der Jugend alles heischen und wie und mit was für einer Kraft; und hast du gleich als Mann einen großen Teil deiner schönsten Jahre im Feldlager verbracht, so hättest du nichtsdestoweniger wissen sollen, was Muße und Wohlleben über alte, geschweige denn über junge Leute vermögen. Ich bin also, als von dir erzeugt, aus Fleisch und habe so wenig gelebt, daß ich noch jung bin, und bin aus dem einen und dem andern Grunde voll eines begehrlichen

Verlangens, das dadurch wundersame Kräfte gewonnen hat, daß ich vermählt war und so erkannt habe, was es für eine Wonne ist, ein so beschaffenes Verlangen zu befriedigen. Außerstande, diesen Kräften zu widerstehn, habe ich mich, da ich jung und ein Weib bin, entschlossen, ihnen zu folgen, wohin sie mich zogen, und habe mich verliebt. Und sicherlich, dabei habe ich alles darangesetzt, bei dem, wozu mich die natürliche Sünde zog, weder dir noch mir, soviel es auf mich ankommen werde, Schande zu bereiten. Dazu haben mir Amor in seinem Mitleide und das Geschick in seiner Güte einen heimlichen Weg gefunden und gezeigt, der mich, ohne daß es jemand erfahren hätte, an das Ziel meiner Wünsche geführt hat; und ich leugne es nicht, wer immer es dir hinterbracht hat oder woher immer du es weißt. Guiscardo habe ich nicht von ungefähr, wie es viele tun, genommen, sondern ich habe ihn mit sorgfältigem Ratschlusse vor allen andern erwählt und ihn mit wohlbedachter Vorsicht zu mir beschieden und habe in einer von mir und von ihm weislich geübten Beständigkeit lange mein Begehren gestillt. Außer meinem Fehltritte scheinst du mir aber – und darin folgst du mehr dem gemeinen Vorurteile als der Billigkeit – mit größerer Bitterkeit den Vorwurf zu machen, ich hätte mich mit einem Manne von niedrigem Stande eingelassen, als ob es dich nicht verdrossen hätte, wenn ich mir dazu einen Edelmann erwählt hätte. Dabei aber merkst du nicht, daß du nicht mich eines Fehlers beschuldigst, sondern das Geschick, das gar oft die Unwürdigsten erhebt und die Würdigsten in der Tiefe läßt. Aber lassen wir das jetzt, und betrachte einmal den Ursprung der Dinge; und da wirst du sehn, daß wir alle Fleisch von einem Fleische sind und daß ein und derselbe Schöpfer alle Seelen mit gleichen Kräften, mit gleichen Anlagen und mit gleichen Fähigkeiten geschaffen hat. Erst die Tugend hat uns, die wir alle gleich geboren wurden und werden, unterschieden, und die, die sie in höherm Maße besaßen und anwandten, wurden Edle genannt, und der Rest ist unedel geblieben. Und obwohl dieses Gesetz später durch einen gegenteiligen Gebrauch verdeckt worden ist, so ist es doch nicht aufgehoben und weder aus der Natur noch aus der guten Sitte getilgt; darum beweist der, der tugendhaft handelt, offenkundig, daß er adelig ist, und wenn ihn einer anders nennt, so ist der Fehler bei dem, der ihn anders nennt, und nicht bei dem, der so genannt wird. Sieh dich um unter all deinen Edelleuten und prüfe ihre Tugend, ihre Sitten und ihr Betragen, und tu dasselbe bei Guiscardo; wenn du dann ohne Voreingenommenheit wirst urteilen wollen, so wirst du sagen, er sei vom höchsten Adel und alle deine Edelleute gehörten zum gemeinen Volke. Wegen Guiscardos Tugend und Trefflichkeit habe ich mich nicht auf das Urteil anderer Leute verlassen, sondern nur auf das deiner Worte und meiner Augen. Wer hat ihn je so gelobt, wie du ihn in allen preiswerten Dingen gelobt hast, die an einem wackern Manne zu loben sein müssen? Und sicherlich nicht mit Unrecht; denn wenn sich meine Augen nicht getäuscht haben, so hast du ihm kein Lob gespendet, das ich ihn nicht wunderbarer, als deine Worte hätten ausdrücken können, durch die Tat hätte rechtfertigen sehn: und wenn ich trotzdem etwa eine Täuschung erlitten hätte, so fiele diese Täuschung dir zur Last. Willst du noch immer sagen, ich hatte mich mit einem Manne von niedrigem Stande eingelassen? Du würdest nicht die Wahrheit sprechen; sagtest du aber etwa, mit einem Armen, so könnte zu deiner Schande eingeräumt werden, daß du es nicht besser verstanden hast, einen wackern Mann, der dir diente, zu fördern: aber die Armut nimmt niemand den Adel, sondern nur den Besitz. Es hat viele Könige, viele große Herrscher gegeben, die arm waren; und viele von denen, die das Erdreich ackern und das Vieh hüten, sind reich gewesen und sind es. Das, was du zuletzt angeführt hast, nämlich deine Unschlüssigkeit, was du mit mir machen sollst, die tu nur ganz von dir, wenn du, hochbetagt, gesonnen bist, das zu tun, was du in der Jugend nicht gewohnt warst, nämlich grausam zu sein: übe deine Grausamkeit an mir, die ich nicht gesonnen bin, irgendeine Bitte an dich zu richten, an mir, der Urheberin dieses Vergehns, wenn es ein Vergehn ist; denn tust du mir nicht dasselbe, was du Guiscardo getan hast oder tun wirst, so versichere ich dir, daß ich es mir mit meinen eigenen Händen tun werde. Wohlan denn, vergieße Tränen wie die Weiber, und willst du grausam sein, so töte ihn und mich mit einem Schlage, wenn du glaubst, daß wir es verdient haben.« Wohl erkannte der Fürst die Hochherzigkeit seiner Tochter, hielt aber ihre Entschlossenheit, das zu tun, was ihre Worte ankündigten, nicht für so fest, wie sie sagte. Darum ließ er zwar, nachdem er von ihr weggegangen war, den Gedanken fahren, sie irgendwo grausam am Leibe zu strafen, nahm sich aber vor, ihre glühende Liebe durch die Vernichtung des andern abzukühlen, und befahl den zweien, die Guiscardo bewachten, ihn in der nächsten Nacht ohne alles Geräusch zu erdrosseln, das Herz aus dem Leichnam zu nehmen und ihm zu bringen: die taten, wie ihnen befohlen worden war. Als es dann Morgen geworden war, steckte der Fürst das Herz Guiscardos in eine große, schöne Goldschale, die er sich hatte bringen lassen, schickte es durch einen vertrauten Diener seiner Tochter und trug diesem auf, beim Überreichen zu ihr zu sagen: »Dein Vater schickt dir dies, um dich in dem zu erfreuen, was du am meisten liebst, so wie du ihn in dem erfreut hast, was er am meisten geliebt hat.« Ghismonda, die ihren schrecklichen Vorsatz keineswegs aufgegeben, hatte sich, nachdem der Vater gegangen war, giftige Kräuter und Wurzeln bringen lassen, sie erhitzt und aus ihnen den Saft gezogen, um ihn bei der Hand zu haben, wenn das eintrete, was sie fürchtete. Als nun der Diener mit dem Geschenke und der Botschaft des Fürsten kam, nahm sie die Schale festen Antlitzes und hob den Deckel ab; da sie das Herz sah und die Worte vernahm, wußte sie auch schon, daß es das Herz Guiscardos war. Darum hob sie ihr Gesicht zu dem Diener und sagte: »Ein minder würdiges Grab, als ein goldenes, hätte einem Herzen, wie das ist, nimmer geziemt; mein Vater hat darin sehr weislich gehandelt.« Und nach diesen Worten führte sie es an den Mund und küßte es, und dann sagte sie: »In allen Stücken habe ich immerdar und bis zu diesem letzten Ende meines Lebens die Zärtlichkeit der Liebe meines Vaters empfunden, aber zu dieser Stunde mehr als je; statte ihm also in meinem Namen für ein so großes Geschenk den letzten Dank ab, den ich ihm je abstatten werde.« Und hierauf wandte sie sich wieder zu der Schale, die sie festhielt, und sagte, den Blick auf das Herz gerichtet: »Ach, du süßeste Herberge aller meiner Wonnen, verflucht sei die Grausamkeit dessen, der mich dich hat mit leiblichen Augen sehn lassen! Mir wäre es genug gewesen, dich zu jeder Zeit mit den Augen des Geistes schauen zu dürfen. Du hast deinen Lauf vollendet in der Bahn, die dir das Geschick gewährt hat, und bist an das Ziel gelangt, dem alle zustreben; verlassen hast du das Elend der Welt und die Mühsal, und dein Feind selber war es, der dir das Grab gegeben hat, das dein Wert verdient hat. Nichts hat dir noch gemangelt zu einer regelrechten Trauerfeier, als die Tränen der Frau, die du im Leben so sehr geliebt hast; damit du auch sie habest, hat Gott meinem unbarmherzigen Vater den Gedanken eingegeben, daß er dich mir geschickt hat, und ich werde sie dir geben, obwohl ich mir vorgenommen hatte, mit trockenen Augen und einem durch nichts aus der Ruhe gebrachten Antlitze zu sterben: und wenn ich sie dir gegeben habe, so will ich ohne Verzug trachten, daß sich meine Seele mit der vereint, die du, o Herz meines Liebsten, so treulich gehegt hast. Und in wessen Geleite könnte ich zufriedener oder getroster in das unbekannte Land hinübergehen, als mit ihr? Ich bin sicher, sie ist noch drinnen in dir und betrachtet die Stätten ihrer und meiner Wonnen; und weil sie noch immer sicher ist, daß sie mich liebt, so erwartet sie die meine, von der sie über alles geliebt wird.« Und nachdem sie also gesprochen hatte, begann sie, über die Schale gebeugt, lautlos zu weinen, nicht anders, als ob sie einen Quell im Haupte gehabt hätte, und vergoß, unzählige Male das tote Herz küssend, so viel Tränen, daß es wundersam war anzusehn. Ihre Frauen, die um sie standen, begriffen nicht, was das für ein Herz sei oder was ihre Worte besagen wollten; aber von Mitleid übermannt, weinten sie alle und fragten gerührt nach der Ursache ihres Weinens und bemühten sich, da sie keine Antwort erhielten, um so mehr, sie zu trösten, so gut sie nur wußten und konnten. Als sie genug geweint zu haben glaubte, hob sie das Haupt, trocknete sich die Augen und sagte: »Nun, o heißgeliebtes Herz, habe ich alle meine Pflichten gegen dich erfüllt; und mir bleibt nichts mehr zu tun übrig, als mit meiner Seele zu kommen und deiner das Geleite zu geben.« Und nach diesen Worten ließ sie sich das Krüglein mit dem Wasser reichen, das sie am Tage vorher bereitet hatte, goß es in die Schale, wo das Herz gebadet lag in der Flut ihrer Tränen, setzte die Schale furchtlos an den Mund und trank sie leer und legte sich nach dem Trunke mit der Schale in der Hand auf ihr Bett, brachte ihren Körper in die ehrbarste Lage, die sie ihm zu geben wußte, und preßte das Herz ihres Geliebten an das ihre und erwartete still den Tod. Ihre Frauen aber, die all das gesehn und gehört hatten, hatten es Tancredi sagen lassen, obwohl sie nicht wußten, was das für ein Wasser war, das sie getrunken hatte; von der Ahnung dessen, was eingetroffen war, getrieben, eilte er hinunter ins Gemach der Tochter und betrat es in dem Augenblick, wo sie sich auf ihr Bett legte: nachdem er ihr nun, wo es zu spät war, mit süßen Worten Trost zugesprochen hatte, begann er, als er sah, an was für einem Ende sie war, bitterlich zu weinen. Und die Dame sagte zu ihm: »Tancredi, spare dir diese Tränen für ein Unglück auf, das du weniger herbeigesehnt hast als dieses, und gib sie nicht mir, weil ich sie nicht verlange. Wer hat je sonst schon einen weinen sehn wegen dessen, was er gewollt hat? Wenn aber noch ein Funken der Liebe, die du einst zu mir getragen hast, in dir lebt, so gewähre mir ein letztes Geschenk und lasse, da es dir nicht genehm war, daß ich still und heimlich mit Guiscardo gelebt hätte, meinen Leib mit dem seinen, wohin du auch den Leichnam hast werfen lassen, vor aller Augen zu gemeinsamer Ruhe vereinen.« Die Betrübnis seiner Tränen ließ den Fürsten nicht antworten. Als dann die junge Frau fühlte, daß ihr Ende gekommen war, preßte sie das tote Herz an ihre Brust und sagte: »Lebt mit Gott, ich scheide.« Und ihre Augen verschleierten sich, und alle ihre Sinne schwanden, und sie schied aus diesem kummervollen Leben. Ein so trauriges Ende hatte, wie ihr also gehört habt, die Liebe Guiscardos und Ghismondas; Tancredi ließ sie nach vielen Klagen und in später Reue über seine Grausamkeit unter der allgemeinen Trauer von ganz Salerno beide in ein und demselben Grabe ehrenvoll begraben.

Der Basilikumtopf der Lisabetta

Der Geliebte Lisabettas wird von ihren Brüdern umgebracht; er erscheint ihr im Traume und zeigt ihr an, wo er begraben ist. Sie gräbt heimlich seinen Kopf aus und setzt ihn in einen Basilikumtopf; als sie über diesem täglich stundenlang weint, nehmen ihr ihn die Brüder, und sie stirbt bald darauf vor Gram.

Die Geschichte Elisas war zu Ende und wurde vom Könige einigermaßen gelobt; dann befahl er Filomena zu erzählen, und die begann, ganz von Mitleid für den armen Gerbino und seine Dame erfüllt, nach einem wehmütigen Seufzer also: Meine Geschichte, anmutige Damen, wird nicht von Leuten so hohen Standes, wie die Elisas, handeln, aber vielleicht nicht minder rührend sein; ins Gedächtnis ist sie mir dadurch gebracht worden, daß eben der Stadt Messina, wo sich die Begebenheit zugetragen hat, gedacht worden ist.

In Messina waren also drei Brüder, junge Männer und Kaufleute, denen ihr Vater, der aus San Gimignano gewesen war, bei seinem Tode einen großen Reichtum hinterlassen hatte; und sie hatten eine Schwester, Lisabetta mit Namen, ein schönes, wohlgesittetes Mädchen, die sie, was immer der Grund war, noch nicht vermählt hatten. Auch hatten die drei Brüder in ihrem Laden einen Jüngling aus Pisa, Lorenzo mit Namen, der ihre gesamten Angelegenheiten leitete und durchführte. Da der hübsch von Gestalt und gar artig war, geschah es, daß Lisabetta, nachdem sie ihn öfter betrachtet hatte, über die Maßen Gefallen an ihm fand; als das Lorenzo das eine und das andere Mal gewahr worden war, ließ er alle seine anderen Liebschaften fahren und begann seinen Sinn auf sie zu richten: und der Handel ging so weit, daß es, weil sie einander gleicherweise gefielen, nicht lange währte, bis sie, nachdem sie sich dessen gegenseitig vergewissert hatten, taten, was sie beide am meisten ersehnten. Indem sie darin fortfuhren und miteinander gar schöne Zeiten und viel Vergnügen hatten, verstanden sie die Heimlichkeit nicht so gut zu wahren, daß es nicht eines Nachts Lisabettas ältester Bruder, von ihr unbemerkt, gesehen hätte, wie sie in die Kammer ging, wo Lorenzo schlief. Obwohl er über diese Entdeckung sehr bekümmert war, wartete er doch als ein verständiger Jüngling, von einem ehrbarern Rate geleitet, ohne sich zu rühren oder ein Wort zu sagen, unter mancherlei Überlegungen den Morgen ab. Als es dann Tag geworden war, erzählte er seinen Brüdern, was er in der Nacht von Lisabetta und Lorenzo gesehen hatte, und traf nach langer Beratung mit ihnen die Entscheidung, sie wollten, damit daraus weder ihnen noch der Schwester Schande erwachse, mit Schweigen darüber hinweggehn und sich in allem so stellen, als ob sie nichts gesehen oder gehört hätten, bis die Zeit kommen werde, wo sie diese Schmach ohne Schaden und Ungemach für sie tilgen könnten, bevor sie weitere Fortschritte mache. Und indem sie auf diesem Vorsatze beharrten, scherzten und lachten sie mit Lorenzo, so wie sie es gewohnt gewesen waren, bis sie schließlich einmal Lorenzo auf einem Gange aus der Stadt, den sie alle drei angeblich zu ihrem Vergnügen tun wollten, mitnahmen; und als sie da an einen gar einsamen, abgelegenen Ort gekommen waren, ersahen sie die Gelegenheit und töteten Lorenzo, der sich nichts Schlimmem versah, und verscharrten ihn so, daß niemand etwas davon gewahr werden konnte. Dann kehrten sie nach Messina heim und sagten allenthalben, sie hätten ihn in ihren Geschäften irgendwohin geschickt; das fand leicht Glauben, weil sie ihn gewohntermaßen schon zu often Malen dahin und dorthin geschickt hatten. Als Lorenzo nicht zurückkehrte, fragte Lisabetta, beunruhigt über sein langes Verweilen, ihre Brüder sehr oft angelegentlichst um ihn; und so geschah es eines Tages, daß ihr, als sie besonders dringend um ihn fragte, einer ihrer Brüder sagte: »Was soll das heißen? Was hast du mit Lorenzo zu schaffen, daß du so oft nach ihm fragst? Wenn du noch einmal fragst, werden wir dir die Antwort geben, die du verdienst.« Traurig und betrübt und voll ungewissen Bangens gab sie fortan das Fragen auf, rief aber seinen Namen oft des Nachts in Wehmut und bat ihn zu kommen und klagte manchmal mit vielen Tränen über sein langes Verweilen und brachte ihre Tage, seiner harrend, freudlos hin. Nun geschah es eines Nachts, daß ihr, nachdem sie über sein Ausbleiben viel geweint hatte und weinend eingeschlafen war, Lorenzo im Traume erschien, bleich und verstört, mit ganz zerfetzten und besudelten Kleidern, und ihr schien, daß er zu ihr sage: »O Lisabetta, du hörst nicht auf, mich zu rufen, und kümmerst dich wegen meines langen Verweilens und klagst mich mit deinen Tränen hart an; und darum wisse, daß ich nicht wiederkommen kann, weil ich an dem letzten Tage, wo du mich gesehn hast, von deinen Brüdern ermordet worden bin.« Und er bezeichnete ihr den Ort, wo sie ihn verscharrt hatten, und sagte ihr, sie solle ihn fortan weder rufen noch erwarten, und verschwand. Das Mädchen erwachte und weinte bitterlich über dies Gesicht, an dessen Wahrheit sie nicht zweifelte. Als sie dann am Morgen aufgestanden war, faßte sie, ohne daß sie sich getraut hätte, ihren Brüdern etwas davon zu erzählen, den Entschluß, an den ihr angegebenen Ort zu gehn, um zu sehn, ob das wahr sei, was sie im Traume gesehn zu haben glaubte; und nachdem sie Urlaub erhalten hatte, sich ein wenig außerhalb der Stadt zu ergehn, ging sie in Begleitung einer Frau, die früher bei ihnen gewesen war und vor der sie keine Geheimnisse hatte, ohne Zeit zu verlieren dorthin: sie räumte das trockene Laub weg, das dort lag, und grub nach, wo sie die Erde minder hart fand. Sie hatte noch nicht lange gegraben, so fand sie den Leichnam ihres Geliebten, der noch in keiner Weise entstellt oder verwest war; daraus erkannte sie denn klärlich, daß ihr Gesicht wahr gewesen war. Obwohl sie darüber mehr betrübt war als je ein Weib, sah sie doch ein, daß hier Tränen nicht am Platze waren: am liebsten hätte sie den ganzen Leichnam mitgenommen, um ihm ein würdiges Grab zu geben; da sie aber sah, daß das nicht sein konnte, trennte sie mit einem Messer, so gut wie sie konnte, den Kopf vom Rumpfe, hüllte ihn in ein Tuch, warf die Erde wieder auf das, was von dem Leichnam übrigblieb, legte den Kopf in die Schürze der Magd, verließ mit ihr den Ort, ohne von jemand gesehn worden zu sein, und kehrte nach Hause zurück. Dort schloß sie sich mit dem Kopfe in ihrem Gemach ein und weinte lange bitterlich über ihm, so sehr, daß sie ihn ganz mit ihren Tränen wusch, indem sie ihn dabei mit tausend Küssen bedeckte. Dann nahm sie einen schönen, großen Topf, einen von der Gattung, worein man Majoran oder Basilikum setzt, legte den Kopf, in ein schönes Tüchlein gewickelt, hinein, schüttete Erde darüber und setzte einige Stämmchen wunderschönes Basilikum von Salerno ein, und die begoß sie mit nichts sonst als mit Rosen- oder Orangenwasser oder mit ihren Tränen: und bald hatte sie die Gewohnheit angenommen, immer neben diesem Blumentopfe zu sitzen und ihn mit all ihrer Sehnsucht anzublicken, weil er innen ihren Lorenzo barg; und wann sie ihn recht lange also angesehn hatte, begann sie zu weinen und weinte so lange, bis sie das ganze Basilikum gebadet hatte. Sowohl durch die lange und unausgesetzte Pflege als auch durch die Fettigkeit der Erde, die von dem drinnen verwesenden Kopfe herrührte, wurde das Basilikum wunderschön und duftete lieblich. Und indem das junge Mädchen in dieser Weise fortfuhr, wurde sie dabei mehrmals von ihren Nachbarn gesehn. Die sagten zu den Brüdern, die sich sehr verwunderten, daß ihre Schönheit entschwunden war und ihre Augen erloschen schienen: »Wir haben wahrgenommen, daß sie alltäglich das und das tut.« Als das die Brüder hörten und sich von der Wahrheit überzeugten, schalten sie sie deshalb einige Male aus; weil das aber nichts fruchtete, ließen sie ihr den Blumentopf heimlich wegnehmen. Da sie ihn nicht mehr vorfand, verlangte sie ihn mit inständigen Bitten zurück; und weil sie ihn nicht erhielt, so wurde sie bei dem ununterbrochenen Klagen und Weinen krank, verlangte aber auch in ihrer Krankheit nichts andres als den Blumentopf. Die jungen Männer verwunderten sich baß über dieses unablässige Verlangen und wollten darum sehn, was denn drinnen sei; und als sie die Erde ausgeschüttet hatten, sahen sie das Tuch und drinnen den Kopf, noch nicht so verwest, daß sie nicht an dem Kraushaar erkannt hätten, daß es der Lorenzos war. Darüber baß verwundert, bekamen sie Furcht, daß es bekannt werden könnte; nachdem sie daher den Kopf verscharrt hatten, entfernten sie sich, nachdem sie für die Abwicklung ihrer Geschäfte gesorgt hatten, vorsichtig, ohne etwas zu sagen, aus Messina und begaben sich nach Neapel. Das junge Mädchen, das nicht aufhörte zu weinen und nur ihren Blumentopf zu verlangen, starb also weinend; ein solches Ende hatte ihre unselige Liebe. Da aber die Sache mit der Zeit vielen bekannt wurde, machte einer ein Lied darauf, das noch heute gesungen wird, nämlich:

Wer war denn dieser schlechte Christ,
Der mir den Blumenstock gestohlen usw. usw.

Das verspeiste Herz

Herr Guiglielmo Rossiglione gibt seiner Frau das Herz des Herrn Guiglielmo Guardastagno, ihres Geliebten, zu essen, den er getötet hat; als sie das erfährt, stürzt sie sich aus einem hohen Fenster herab und stirbt. Sie wird gemeinsam mit ihrem Geliebten begraben.

Als die Geschichte Neifiles zu Ende war, nicht ohne daß sie bei allen Freundinnen der Erzählerin großes Mitgefühl erregt hätte, nahm der König das Wort, weil außer ihm niemand mehr zu erzählen hatte als Dioneo, dessen Vorrecht er nicht verletzen wollte, und begann: Meine wohlmeinenden Damen, mir ist eine Geschichte in den Sinn gekommen, bei der ihr, denen das Unglück der Liebenden so zu Herzen geht, nicht weniger Mitleid werdet fühlen müssen als bei den vorigen, weil die, denen das begegnet ist, was ich erzählen will, von höherm Stande waren als die, von denen jetzt gesprochen worden ist, und ihnen etwas Härteres zugestoßen ist als denen.

Ihr sollt also wissen, daß einst in der Provence, wie die Provençalen erzählen, zwei edle Ritter waren, die beide über Schlösser und Vasallen geboten, und der eine hieß Herr Guiglielmo Rossiglione und der andere Herr Guiglielmo Guardastagno, und weil einer wie der andere gar tapfer im Waffenhandwerk war, liebten sie sich herzlich und hatten die Gewohnheit, zu jedem Turnier oder Tjost oder andern Waffenspiel gemeinsam und in denselben Farben zu reiten. Und obwohl die Schlösser von ihnen, wo sie hausten, gut zehn Meilen voneinander entfernt waren, geschah es doch, daß sich Herr Guiglielmo Guardastagno, ungeachtet der Freundschaft und Brüderschaft, die zwischen ihnen bestand, in die schöne, liebreizende Gattin Herrn Guiglielmo Rossigliones über die Maßen verliebte und es durch dies und das zuwege brachte, daß es die Dame merkte; und da ihn die als wackern Ritter kannte, war sie nicht böse darüber und begann ihm eine solche Liebe entgegenzubringen, daß er ihre höchste Sehnsucht und Liebe war und daß sie auf nichts sonst wartete, als von ihm begehrt zu werden: und es dauerte nicht lange, so geschah das, und nun waren sie ein und das andere Mal in heißer Liebe beisammen. Da sie aber in ihrem Umgange wenig vorsichtig waren, geschah es, daß es ihr Gatte bemerkte, und darüber erboste er sich so heftig, daß er die große Liebe, die er zu Guardastagno trug, in einen tödlichen Haß verkehrte; den wußte er aber besser zu verbergen als die beiden Liebenden ihre Liebe, und er nahm sich fest vor, Guardastagno umzubringen. Derweil sich nun Rossiglione mit diesem Vorsatze trug, geschah es, daß ein großes Turnier in Frankreich ausgerufen wurde; das ließ Rossiglione auf der Stelle Guardastagno mitteilen und ließ ihm sagen, wenn es ihm recht sei, solle er zu ihm kommen, um mit ihm zu beraten, ob sie hinreiten sollten und wie. Vergnügt antwortete Guardastagno, er werde ihn ohne Fehl am nächsten Tage zum Abendessen besuchen. Als das Rossiglione hörte, dachte er, die Zeit sei gekommen, wo er ihn umbringen könne; am nächsten Tage wappnete er sich, stieg mit einigen Knechten zu Pferde und legte sich etwa eine Meile von seinem Schlosse in einem Busche, wo Guardastagno vorbeikommen mußte, in den Hinterhalt. Und nachdem er eine hübsche Weile gewartet hatte, sah er Guardastagno, der sich ja nichts Schlimmem von ihm versah, ungewappnet und von zwei ungewappneten Knechten begleitet, des Weges kommen; und als Guardastagno dort war, wo er ihn haben wollte, drang er als tückischer Verräter mit geschwungener Lanze auf ihn ein mit dem Schrei: »Du bist des Todes!«, und dies sagen und ihm die Lanze in die Brust bohren, war eins. Guardastagno fiel von diesem Lanzenstiche, ohne daß es ihm möglich gewesen wäre, sich irgendwie zu wehren oder auch nur ein Wörtlein zu sagen, und starb nach wenigen Augenblicken. Seine Diener wandten ihre Rosse, ohne den Täter erkannt zu haben, und jagten in wilder Flucht dem Schlosse ihres Herrn zu. Rossiglione stieg ab, öffnete Guardastagnos Brust mit einem Messer, nahm ihm mit eigener Hand das Herz heraus, ließ es in ein Lanzenfähnlein wickeln und befahl es einem seiner Knechte zu tragen; und nachdem er allen befohlen hatte, daß sich niemand unterstehen solle, davon ein Wörtlein verlauten zu lassen, stieg er wieder zu Pferde und kehrte, es war schon Nacht geworden, auf sein Schloß zurück. Die Dame, die gehört hatte, Guardastagno werde zum Abendessen kommen, erwartete ihn mit großer Sehnsucht; und als sie ihn nicht kommen sah, verwunderte sie sich baß und sagte zu ihrem Gatten: »Was ist das, Herr, daß Guardastagno nicht gekommen ist?« Darauf sagte ihr Gatte: »Frau, ich habe von ihm die Nachricht bekommen, daß er nicht vor morgen hier sein kann«; darob wurde sie etwas bestürzt. Rossiglione hatte aber, als er vom Pferde gestiegen war, den Koch rufen lassen und zu ihm gesagt: »Nimm dieses Wildschweinherz und sieh, daß du daraus ein Gericht bereitest, das beste und schmackhafteste, das du weißt; und wenn ich bei Tische bin, so schickst du mir's auf einer silbernen Schüssel.« Der Koch nahm es und bot alle seine Kunst und Sorgfalt auf und machte, indem er's zerhackte und viel gutes Gewürz drantat, einen köstlichen Leckerbissen daraus. Herr Guiglielmo setzte sich, als es an der Zeit war, mit seiner Frau zu Tische. Die Speisen wurden aufgetragen, aber die Missetat, die er begangen hatte, lag ihm so auf der Seele, daß er wenig aß. Der Koch schickte ihm das Hackfleisch, und er ließ es, indem er vorgab, diesen Abend unlustig zu sein, der Dame vorsetzen und lobte es ihr sehr. Die Dame, die nicht unlustig war, begann zu essen und fand es wohlschmeckend; und darum aß sie's völlig auf. Als der Ritter sah, daß sie alles gegessen hatte, sagte er: »Frau, was dünkt Euch von diesem Gerichte?« Die Dame antwortete: »Auf Ehre, Herr, es hat mir sehr behagt.« – »So wahr mir Gott helfe«, sagte der Ritter, »das glaube ich gern und wundere mich auch nicht darüber, daß Euch das, was Euch lebendig über alles behagte, auch im Tode behagt hat.« Als das die Dame hörte, stutzte sie ein wenig; dann sagte sie: »Wieso? Was ist das, was Ihr mich habt essen lassen?« Der Ritter antwortete: »Das, was Ihr gegessen habt, war wirklich und wahrhaftig das Herz von Herrn Guiglielmo Gardastagno, den Ihr, untreues Weib, so sehr geliebt habt; und daß es das war, darüber könnt Ihr ganz sicher sein, weil ich es ihm, kurz bevor ich heimgekommen bin, mit dieser Hand aus der Brust gerissen habe.« Ob die Dame, als sie das von dem gehört hat, den sie über alles geliebt hatte, Schmerz empfunden hat, darüber braucht es keiner Frage; und nach einer Weile sagte sie: »Ihr habt gehandelt wie ein untreuer und schlechter Ritter; daß ich ihn, ohne daß er mich gezwungen hätte, zum Herrn meiner Liebe gemacht und Euch auf diese Weise gekränkt habe, dafür hätte nicht er, sondern ich Strafe leiden sollen. Aber behüte Gott, daß nach einer so edeln Speise, wie es das Herz eines so wakkern und ehrlichen Ritters ist, wie es Herr Guiglielmo Guardastagno gewesen ist, je eine andere Speise über meine Lippen komme.« Und sie sprang auf und ließ sich, ohne sich nur einen Augenblick zu besinnen, durch ein Fenster, das hinter ihr war, rücklings hinunterfallen. Weil das Fenster sehr hoch über der Erde war, brachte ihr der Fall nicht nur den Tod, sondern zerschmetterte ihr auch schier den ganzen Körper. Als das Herr Guiglielmo sah, erschrak er und erkannte, daß er unrecht getan hatte; und da er Furcht hatte vor dem Landvolke und dem Grafen der Provence, ließ er die Pferde satteln und entwich. Am nächsten Morgen war der Hergang der Sache schon in der ganzen Gegend bekannt geworden; und die Leute von Herrn Guiglielmo Guardastagnos Schloß und die von dem Schlosse der Dame holten die beiden Leichname mit bittern Klagen und Tränen ein und setzten sie in der Kirche des Schlosses der Dame in demselben Grabe bei, und darüber wurden Verse geschrieben, wer darin begraben sei und wie und warum sie gestorben seien.

Die glückliche Heirat

Ricciardo Manardi wird von Messer Lizio da Valbona bei seiner Tochter getroffen; er heiratet sie und bleibt mit ihrem Vater in gutem Einvernehmen.

Als Elisa schwieg und die Lobsprüche anhörte, die ihre Freundinnen ihrer Geschichte erteilten, trug die Königin Filostrato auf, eine zu erzählen, und der begann lächelnd: So viele von euch haben mich, weil ich euch aufgetragen habe, über einen traurigen und euch zu Tränen rührenden Gegenstand zu sprechen, mit so vielen Vorwürfen überhäuft, daß ich mich jetzt, um dieses Ungemach einigermaßen wieder gutzumachen, für verpflichtet halte, euch etwas zu erzählen, womit ich euch ein wenig lachen mache; und darum gedenke ich euch in einem ganz kurzen Geschichtchen von einer Liebe zu erzählen, die ohne ein andres Ungemach als ein paar Seufzer und eine kurze mit Scham gemischte Angst zu einem fröhlichen Ende gelangt ist.

Es ist also noch nicht lange her, meine trefflichen Damen, daß in der Romagna ein wackerer, biederer Ritter war, Messer Lizio da Valbona mit Namen, dem seine Gattin, Madonna Giacomina geheißen, als er schon in ziemlich hohen Jahren war, eine Tochter gebar. Die wuchs zu dem schönsten und anmutigsten Mädchen der ganzen Gegend heran; und weil sie das einzige Kind blieb, wurde sie von ihren Eltern, die sie in eine vornehme Familie zu verheiraten hofften, zärtlich geliebt und mit ungewöhnlicher Sorgfalt gehütet. Nun ging im Hause Messer Lizios ein hübscher, frischer Jüngling aus und ein, einer von den Manardi aus Brettinoro, Ricciardo geheißen, und blieb auch oft lange bei ihm; und vor dem nahmen sich Messer Lizio und seine Frau nicht mehr in acht, als sie bei einem Sohne getan hätten. Als er das wunderschöne, liebreizende Mädchen, das nun schon mannbar war, ein und das andere Mal gesehn und ihr gefälliges und artiges Benehmen betrachtet hatte, verliebte er sich glühend in sie, hielt aber seine Liebe gar sorgfältig verborgen. Trotzdem merkte es das Mädchen, nahm jedoch keineswegs Anstoß daran, sondern begann ihn in gleicher Weise zu lieben; darüber war Ricciardo ganz glücklich. Nachdem er oft schon seinen Wunsch, ihr ein paar Worte zu sagen, unschlüssig unterdrückt hatte, nahm er eines Tages endlich die Gelegenheit wahr, faßte sich ein Herz und sagte zu ihr: »Caterina, ich bitte dich, laß mich nicht vor Liebe sterben.« Sogleich antwortete das Mädchen: »Wollte Gott, du ließest mich nicht noch elender sterben.« Aus dieser Antwort schöpfte Ricciardo viel Freude und Zuversicht, und er sagte: »Von mir aus soll es an nichts fehlen, was dir lieb ist; aber an dir ist es, einen Weg ausfindig zu machen, wie sowohl dein Leben als auch meines zu retten ist.« Nun sagte das Mädchen: »Ricciardo, du siehst, wie ich bewacht werde, und darum kann ich keine Möglichkeit sehn, wie du zu mir kommen könntest; wenn aber du etwas weißt, was ich ohne Schande für mich tun kann, so sage es mir und ich werde es tun.« Augenblicklich sagte Ricciardo, der schon dieserhalb mancherlei überdacht hatte: »Meine süße Caterina, ich kann keinen Weg dazu sehn, außer du schliefest auf dem Erker, der auf den Garten deines Vaters hinausgeht, oder könntest dorthin kommen; wüßte ich, daß du in der Nacht dort bist, so würde ich ohne Fehl hinaufzukommen trachten, obwohl es sehr hoch ist.« Darauf antwortete Caterina: »Getraust du dich hinaufzukommen, so glaube ich, daß es mir gelingt, dort schlafen zu dürfen.«

Ricciardo sagte, er getraue es sich. Und nach diesem Gespräche küßten sie sich flüchtig ein einziges Mal und gingen auseinander. Da es schon gegen das Ende des Mai ging, begann das junge Mädchen damit, daß sie sich am nächsten Tage bei der Mutter beklagte, sie habe in der vergangenen Nacht der übermäßigen Hitze wegen nicht schlafen können. Die Mutter sagte: »Aber Tochter, wie wäre es denn heiß gewesen? Es war ja noch gar nicht heiß.« Darauf sagte Caterina: »Mutter, Ihr solltet sagen: ›Nach meiner Meinung‹, und vielleicht würdet Ihr dann die Wahrheit sagen; Ihr solltet doch bedenken, daß die Mädchen heißblütiger sind als die bejahrten Frauen.« Nun sagte die Dame: »Das ist wahr, mein Kind; aber ich kann es doch nicht nach meinem Belieben heiß und kalt werden lassen, wie du es vielleicht möchtest. Die Witterung muß man leiden, wie sie die Jahreszeit mit sich bringt; vielleicht ist es heute nacht frischer, so daß du besser schlafen wirst.« – »Gott gebe es«, sagte Caterina; »aber es geschieht nicht gerade häufig, daß die Nächte frischer werden, wann es gegen den Sommer geht.« – »Also«, sagte die Dame, »was willst du denn, daß geschehn soll?« Caterina antwortete: »Wenn es dem Vater und Euch recht wäre, ließe ich mir gern auf dem Erker, der neben seiner Kammer über seinem Garten ist, ein Bettchen machen und schliefe dort; da hörte ich die Nachtigall singen und hätte es viel frischer, so daß ich mich dort viel wohler fühlen würde als in Euerer Kammer.« Nun sagte die Mutter: »Sei nur ruhig, Kind; ich werde es dem Vater sagen, und wie er will, so werden wir tun.« Als das Messer Lizio von seiner Frau hörte, sagte er, weil er ein Greis und vielleicht deswegen ein bißchen eigensinnig war: »Was ist das für eine Nachtigall, die sie zum Schlafen braucht? Ich werde sie noch beim Gesange der Zikaden einschlafen lehren.« Nachdem das Caterina erfahren hatte, schlief sie in der nächsten Nacht mehr aus Ärger als der Hitze wegen nicht nur selbst nicht, sondern ließ auch die Mutter nicht schlafen, indem sie fortwährend über die große Hitze klagte. Nach dieser Erfahrung ging die Mutter am Morgen zu Messer Lizio und sagte zu ihm: »Herr, Ihr habt das Mädchen wenig lieb; was würde es Euch denn ausmachen, wenn sie auf dem Erker schliefe? Sie hat sich die ganze Nacht vor Hitze herumgewälzt, und überdies, wundert Ihr Euch denn, daß sie eine Freude daran findet, die Nachtigall singen zu hören, wo sie doch noch ein halbes Kind ist? Die Kinder lieben eben Dinge, die ihnen gleichen.« Daraufhin sagte Messer Lizio: »Meinetwegen denn, sie soll sich dort ein Bett machen lassen, wie es dort Platz hat, und sie soll einen Vorhang herumspannen lassen, und dann mag sie dort schlafen und dem Gesange der Nachtigall nach Herzenslust zuhören.« Kaum hatte das das Mädchen vernommen, so ließ sie sich dort ein Bett machen; und weil sie schon in der kommenden Nacht dort schlafen durfte, so paßte sie Ricciardo ab und gab ihm das zwischen ihnen verabredete Zeichen, woraus er entnahm, was er zu tun hatte. Als Messer Lizio das Mädchen im Bette wußte, schloß er die Tür, die aus seiner Kammer auf den Erker führte, und ging ebenso schlafen. Nachdem alles still geworden war, stieg Ricciardo mit Hilfe einer Leiter auf eine Mauer und schob sich von dort, an der Verzahnung einer andern Mauer hangend, trotz der schweren Gefahr, worein ihn ein Fall gebracht hätte, mit großer Mühe bis zu dem Erker; das Mädchen empfing ihn ganz still, aber mit großem Entzücken: und nach vielen Küssen legten sie sich miteinander nieder und gewährten einander die ganze Nacht Lust und Wonnen, indem sie die Nachtigall zu often Malen schlagen ließen. Und da die Nächte damals kurz waren und ihre Lust groß war und sie daher nicht glaubten, daß der Tag so nahe sei, wie er wirklich war, so schliefen sie endlich, sowohl der Jahreszeit halber als auch von ihrem

Kosen erhitzt, ohne irgendwie bedeckt zu sein, ein, und Caterina hatte den rechten Arm um Ricciardos Hals geschlungen, während sie mit der linken Hand das Ding gefaßt hatte, das ihr euch, sonderlich vor Männern, zu nennen scheut. In dieser Weise schliefen sie noch, ohne wach zu werden, als der Tag kam und Messer Lizio aufstand; da sich der erinnerte, daß die Tochter auf dem Erker schlafe, öffnete er leise die Tür, indem er sagte: »Sehen wir einmal, wie die Nachtigall heute nacht Caterina hat schlafen lassen.« Er trat hinaus und hob sachte den Vorhang, der um das Bett gespannt war, und nun sah er sie und Ricciardo, nackt und unbedeckt schlafen und so umschlungen, wie vorhin geschildert worden ist; nachdem er sich vergewissert hatte, daß es Ricciardo war, verließ er den Erker und ging in das Gemach seiner Frau, weckte sie und sagte zu ihr: »Hurtig, Frau, steh auf und komm schauen, wie begierig deine Tochter nach der Nachtigall gewesen ist, daß sie sie gefangen hat und in der Hand hält.« Die Frau sagte: »Wie könnte das möglich sein?« Messer Lizio sagte: »Du wirst es sehen, wenn du schnell kommst.« Hastig kleidete sich die Dame an und folgte leise Messer Lizio, und als sie beide zu dem Bette gekommen waren und den Vorhang gehoben hatten, konnte Madonna Giacomina deutlich sehn, wie ihre Tochter die Nachtigall, deren Gesang zu hören sie also ersehnt hatte, gefangen hatte und in der Hand hielt. Darum wollte die Dame, die sich von Ricciardo hintergangen glaubte, schreien und ihm schmähliche Dinge sagen; aber Messer Lizio sagte zu ihr: »Wenn dir etwas an meiner Liebe liegt, so hüte dich, Frau, ein Wort zu sprechen; da sie den Vogel einmal gefangen hat, so soll er ihr auch bleiben. Ricciardo ist ein Edelmann und ein reicher Jüngling, und eine Verschwägerung mit ihm kann uns nur vorteilhaft sein; will er im Guten von mir wegkommen, so wird er sich vor allem mit ihr vermählen müssen: so wird er dann finden, daß er die Nachtigall in seinen Bauer und nicht in einen fremden gesteckt hat.« Da die Dame sah, daß ihr Mann über das Geschehne gar nicht aufgebracht war, und berücksichtigte, daß ihre Tochter eine gute Nacht gehabt und gut geruht und die Nachtigall gefangen hatte, beruhigte sie sich und schwieg. Nach diesem Gespräche brauchten sie nicht lange zu warten, so erwachte Ricciardo; als er sah, daß es hellichter Tag war, hielt er sich für verloren, und er weckte Caterina und sagte: »O weh, meine Seele, was sollen wir machen? Der Tag ist gekommen, und ich bin noch immer da.« Bei diesen Worten Ricciardos trat Messer Lizio hin, hob den Vorhang und sagte: »Wir werden es schon machen.« Beim Anblicke des Vaters glaubte Ricciardo, das Herz werde ihm aus dem Leibe gerissen; er setzte sich im Bette auf und sagte: »Herr, ich bitte Euch um Gottes willen, habt Erbarmen mit mir. Ich bekenne, daß ich als ein treuloser und schlechter Mensch den Tod verdient habe, und darum macht mit mir, was Ihr wollt; trotzdem aber bitte ich Euch, schenkt mir das Leben, wenn es möglich ist, und bringt mich nicht um.« Darauf sagte Messer Lizio: »Ricciardo, du hast weder die Liebe verdient, die ich zu dir getragen habe, noch das Vertrauen, das ich in dich gesetzt habe; weil es aber einmal so ist und dich deine Jugend zu einem so großen Vergehn verleitet hat, so nimm du Caterina, um dir den Tod und mir die Schande zu ersparen, zu deinem ehelichen Weibe, damit sie auf Lebenszeit dein sei, so wie sie es in dieser Nacht gewesen ist: auf diese Art kannst du meine Verzeihung und dein Leben gewinnen; willst du das aber nicht tun, so befiehl deine Seele Gott.« Inzwischen hatte Caterina die Nachtigall ausgelassen und sich wieder zugedeckt und bat nun, heftig weinend, den Vater, er möge Ricciardo vergeben; ihren Ricciardo wieder bat sie, er solle doch tun, was Messer Lizio wolle, damit sie einander noch lange und in aller Ruhe dergleichen

Nächte bereiten könnten. Aber dazu brauchte es nicht gar vieler Bitten: zu der Scham über das begangene Vergehn und dem Wunsche, es wieder gutzumachen, kamen bei Ricciardo noch die Angst vor dem Tode und das Verlangen, ihm zu entgehn und überdies die glühende Liebe und die Lust, das geliebte Wesen zu besitzen, und das alles bewog ihn, daß er unverzüglich freimütig sagte, er sei bereit zu tun, was Messer Lizio beliebe. Darum entlieh Messer Lizio von Madonna Giacomina einen Ring, und mit diesem vermählte sich Ricciardo an Ort und Stelle in ihrer Gegenwart mit Caterina. Nachdem das geschehn war, gingen Messer Lizio und die Dame weg mit den Worten: »Ruht jetzt; das habt Ihr wahrscheinlich nötiger als aufzustehn.« Als sie weggegangen waren, umarmten sich die jungen Leute von neuem und legten nun, weil sie in der Nacht nicht mehr als sechs Meilen zurückgelegt hatten, vor dem Aufstehn noch zwei zurück, womit sie denn die erste Tagereise zu Ende brachten. Da Ricciardo sofort, nachdem sie aufgestanden waren, mit Messer Lizio eine ausführliche Abrede genommen hatte, vermählte er sich einige Tage später in der herkömmlichen Weise in Gegenwart der Freunde und Verwandten noch einmal mit dem Mädchen und führte sie mit großem Gepränge heim und stellte eine ansehnliche, schöne Hochzeit an; dann ging er mit ihr lange Zeit in Freude und Fröhlichkeit bei Tag und Nacht auf den Nachtigallenfang, soviel ihm beliebte.

Federigos Falke

Federigo degli Alberighi liebt, ohne geliebt zu werden, und verschwendet in ritterlichem Aufwande sein ganzes Vermögen, so daß ihm nur noch ein Falke bleibt; den setzt er, da er sonst nichts hat, seiner Dame, die zu ihm gekommen ist, als Speise vor: als sie das erfährt, ändert sie ihren Sinn, nimmt ihn zum Gatten und macht ihn zum Herrn ihres Reichtums.

Kaum hatte Filomena zu sprechen aufgehört, als die Königin, die gesehn hatte, daß wegen Dioneos Vorrecht niemand mehr außer ihr zu erzählen hatte, mit heiterm Gesichte also sprach: Nun ist die Reihe zu erzählen an mir; das möchte ich, meine teuersten Damen, gern mit einer Geschichte tun, die der eben erzählten teilweise ähnlich ist, nicht nur, damit ihr erkennet, was euer Liebreiz über edle Herzen vermag, sondern damit ihr auch lernet, euere Gunst, wo es am Platze ist, selbst zu verschenken, anstatt euch immer vom Geschikke leiten zu lassen, das meistens nicht verständig, sondern ohne Ermessen schenkt, wie es sich trifft.

Ihr sollt also wissen, daß Coppo di Borghese Domenichi, der in unserer Stadt gelebt hat und vielleicht noch lebt, ein Mann, dem unsere Bürger viel Ehrfurcht und Wertschätzung bewiesen und der sich noch mehr durch seinen tugendhaften Lebenswandel als durch den Adel seines Blutes auszeichnete und ewiges Andenken verdient, in seinen späteren Jahren oftmals sein Vergnügen darin fand, seinen Nachbarn und andern Leuten von vergangenen Dingen zu erzählen; und das wußte er besser und ordentlicher und mit treuerm Gedächtnis und zierlicher zu tun als irgendein anderer. Neben andern hübschen Geschichten pflegte er auch zu erzählen, daß in Florenz einmal ein edler Jüngling gewesen ist, Federigo di Messer Filippo Alberighi mit Namen, der in Waffentaten und ritterlichem Wesen vor jedem toskanischen Junker gepriesen worden ist. Wie es nun edeln Männern zu geschehn pflegt, verliebte sich auch dieser Federigo, und zwar in eine adelige Frau, Monna Giovanna genannt, die zu ihren Zeiten als eine der schönsten und holdseligsten Damen in ganz Florenz galt; und um ihre Liebe zu erringen, fehlte er bei keinem Turnier und Lanzenbrechen, veranstaltete Feste und machte Geschenke und verschwendete sein Vermögen, ohne sich irgendwie eine Zurückhaltung aufzuerlegen. Sie aber, die nicht minder ehrbar als schön war, kümmerte sich weder um das, was ihretwegen geschah, noch um den, der es tat. Indem also Federigo einen Aufwand trieb, der über seine Verhältnisse ging, und nichts erwarb, schwanden, wie es leichtlich geschieht, seine Reichtümer dahin, und er wurde so arm, daß ihm nichts sonst blieb als ein kleines Gütchen, von dessen Ertrage er in Dürftigkeit lebte, und außerdem noch ein Falke, der kaum in der Welt seinesgleichen hatte. Obwohl seine Liebe stärker war als jemals, begab er sich, weil er sah, daß er als Städter nicht mehr so, wie es sein Wunsch gewesen wäre, hätte leben können, nach Campi auf sein Gütchen. Indem er dort, wann er konnte, auf die Vogelbeize ging, trug er seine Armut mit Ergebung und ohne fremde Hilfe zu begehren. Zu der Zeit, wo Federigo also heruntergekommen war, geschah es eines Tages, daß der Gatte Monna Giovannas erkrankte und, weil er sein Ende herankommen sah, sein Testament machte: darin setzte er seinen schon ziemlich herangewachsenen Sohn zum Erben seines außerordentlichen Reichtums ein; und weil er Monna Giovanna herzlich geliebt hatte, bestimmte er, daß die Erbschaft, wenn sein Sohn ohne rechtmäßige Erben sterben sollte, an sie überzugehen habe. Und dann starb er. Monna Giovanna, die also Witwe geworden war, begab sich, wie es bei unsern Damen Brauch ist, zum Sommeraufenthalte auf eine ihrer Besitzungen, die lag ganz in der Nähe von Federigos Gütchen. Auf diese Weise geschah es, daß der Knabe mit der Zeit mit Federigo vertraut wurde und an den Hunden und am Federspiel Vergnügen fand: und da ihm der Falke Federigos, den er zu often Malen hatte fliegen sehn, ungemein gefiel, wünschte er ihn sehnlichst zu haben; weil er aber sah, daß ihm der Falke also teuer war, getraute er sich ihn nicht zu verlangen. Das dauerte eine Weile, bis es geschah, daß der Knabe erkrankte; darüber war die Mutter sehr bekümmert, weil er ihr einziges Kind war und sie ihn nach Kräften liebte, und sie blieb den ganzen Tag bei ihm, um ihm Mut zuzusprechen, und fragte ihn oftmals, ob es etwas gebe, wonach er verlange, indem sie ihn bat, ihr das zu sagen; wenn es nur überhaupt möglich sei, so werde sie es sicherlich zu bekommen trachten. Nachdem der Knabe diese Anerbietung zu often Malen vernommen hatte, sagte er: »Mutter, wenn Ihr es macht, daß ich den Falken Federigos bekomme, so glaube ich, werde ich auf der Stelle gesund werden.« Als das die Dame hörte, war sie ein wenig betreten und begann nachzudenken, was sie tun solle. Sie wußte, daß Federigo sie lange geliebt hatte, ohne daß er je auch nur einen Blick von ihr erhalten hätte; darum sagte sie bei sich: »Wie könnte ich denn zu ihm schicken oder zu ihm gehn, um diesen Falken zu verlangen, wo der Falke, nach dem, was ich gehört habe, der beste ist, der je geflogen ist, und ihm überdies seinen Unterhalt erwirbt? Und wie könnte ich so rücksichtslos sein, einem Edelmanne die einzige Freude zu nehmen, die ihm geblieben ist?« Mit diesen Gedanken beschäftigt, gab sie ihrem Sohne, obwohl sie sicher war, daß sie den Falken bekäme, wenn sie ihn verlangte, keine Antwort, sondern schwieg. Endlich aber trug die Liebe zu ihrem Sohne den Sieg davon, so daß sie sich, um ihn zufriedenzustellen, entschloß, nicht vielleicht um den Falken zu schicken, sondern selber zu gehn und ihn ihm zu bringen, und sie antwortete: »Tröste dich, mein Kind, und sieh zu, daß du gesund wirst; ich werde um ihn gehn und ihn dir bringen.« Darüber freute sich der Knabe und wies noch an demselben Tage eine kleine Besserung auf. Am nächsten Morgen nahm seine Mutter eine Dame als Begleiterin und begab sich lustwandelnd zu dem Häuschen Federigos und ließ ihn rufen. Er war, weil an diesem Tage, so wie überhaupt damals, keine Zeit zur Vogelbeize war, in seinem Garten und ließ einige kleine Arbeiten ausrichten. Als er hörte, daß Monna Giovanna an der Tür um ihn fragte, lief er in hellem Staunen hin. Sie ging ihm, als sie ihn kommen sah, mit frauenhafter Liebenswürdigkeit entgegen und sagte auf seinen ehrfurchtsvollen Gruß: »Guten Morgen, Federigo!« Und dann fuhr sie fort: »Ich bin gekommen, um dir den Schaden zu vergelten, den du um meinetwillen gehabt hast, weil du mich mehr geliebt hast, als du es nötig gehabt hättest; und die Vergeltung ist die, daß ich mit meiner Begleiterin an deinem Mittagessen freundschaftlich teilzunehmen gedenke.« Ehrerbietig antwortete Federigo: »Madonna, ich erinnere mich nicht, jemals um Euch einen Schaden empfangen zu haben, wohl aber so viel Gutes, daß ich, wenn ich je etwas wert war, das nur Euerm Werte verdanke und der Liebe, die ich zu Euch getragen habe. Und wahrlich, Euer großmütiger Besuch ist mir viel teurer, als wenn ich von neuem in die Lage versetzt würde, so viel zu verschwenden, wie ich verschwendet habe; und daran ändert auch das nichts, daß Ihr zu einem armen Wirte gekommen seid.« Und nach diesen Worten geleitete er sie beschämt in sein Haus und führte sie von dort in seinen Garten;

und da er niemand andern hatte, der ihr hätte Gesellschaft leisten können, sagte er: »Madonna, da niemand sonst hier ist, so wird Euch diese gute Frau, das Weib des Bauern da, Gesellschaft leisten, während ich gehe, um den Tisch besorgen zu lassen.« Obwohl seine Armut außerordentlich groß war, hatte er doch bis dahin nie gefühlt, in was für eine Not er dadurch geraten war, daß er seinen Reichtum in maßloser Weise verschwendet hatte; an diesem Morgen jedoch fühlte er es, weil er gar nichts fand, um die Dame zu bewirten, der zuliebe er unzählige Leute bewirtet hatte. In seiner Herzensangst lief er, sein Schicksal verfluchend, wie ein Unsinniger hin und her; aber er fand weder Geld noch etwas, was er hätte verpfänden können, und wollte sich auch, obwohl die Stunde schon spät war und trotz seinem großen Verlangen, die Dame mit irgend etwas zu bewirten, doch, von einem andern gar nicht zu reden, aber nicht einmal seinem Bauer entdecken: da fiel sein Blick auf seinen guten Falken, den er im Vorraume auf der Stange sitzen sah. Und weil er nichts sonst besaß, nahm er ihn und dachte, als er ihn fett fand, das sei eine würdige Speise für eine solche Dame. Darum drehte er ihm, ohne sich länger zu bedenken, den Hals um und ließ ihn rasch durch seine Magd rupfen, zurichten, an den Spieß stecken und sorgfältig braten; und nachdem er den Tisch mit schneeweißen Tüchern, deren ihm noch einige geblieben waren, gedeckt hatte, ging er freudigen Gesichtes wieder in den Garten zu der Dame und sagte ihr, daß das Mahl, so gut er es habe besorgen können, zubereitet sei. Darum erhoben sich die Dame und ihre Begleiterin und gingen zu Tische und aßen den guten Falken, ohne zu wissen, was sie aßen, und Federigo, der mit ihnen aß, bediente sie treulich. Und nachdem sie vom Tische aufgestanden waren und noch eine Weile in angenehmer Unterhaltung verbracht hatten, schien es der Dame an der Zeit, das zu sagen, weswegen sie hergekommen war, und sie begann zu Federigo liebenswürdig also zu sprechen: »Wenn du, Federigo, an dein vergangenes Leben zurückdenkst und an meine Ehrbarkeit, die du vielleicht für Hartherzigkeit und Grausamkeit gehalten hast, so zweifle ich nicht im mindesten, daß du über meine Vermessenheit wirst staunen müssen, wenn du erst weißt, warum ich eigentlich hergekommen bin; wenn du aber Kinder hättest oder gehabt hättest, so daß es dir bekannt sein könnte, was für eine Gewalt die Liebe hat, die man zu ihnen trägt, so wäre ich sicher, daß du mich zum Teil entschuldigen würdest. Obwohl du nun keine Kinder hast, kann ich mich, die ich einen Sohn habe, doch nicht dem allgemeinen Gesetze der Mutterliebe entziehn, das mich, weil ich seiner Macht nachgeben muß, dazu zwingt, wider meinen Willen und wider alle Schicklichkeit und Pflicht von dir etwas als ein Geschenk zu heischen, was dir, wie ich weiß, überaus teuer ist und mit Recht teuer ist, weil dir dein unseliges Geschick sonst keine Freude, keine Lust, keinen Trost gelassen hat: und dieses Geschenk ist dein Falke, nach dem mein Knabe so lüstern ist, daß ich fürchte, die Krankheit, die er hat, würde sich, wenn ich ihn ihm nicht brächte, so sehr verschlimmern, daß ich ihn gar verlöre. Und darum bitte ich dich, nicht bei deiner Liebe zu mir, die dich ja zu nichts verhält, sondern bei deinem Edelsinn, den du in ritterlichem Tun vor allen andern bewährt hast, daß es dir belieben möge, ihn mir zu schenken, damit ich sagen könne, du habest meinem Sohne durch dieses Geschenk das Leben gerettet und ihn dir auf immer verpflichtet.« Als Federigo hörte, was die Dame verlangte, und bedachte, daß er ihr damit nicht dienen konnte, weil er ihn ihr zu essen gegeben hatte, begann er vor ihr zu weinen, ohne daß er nur mit einer Silbe hätte antworten können. Zuerst glaubte die Dame, dieses Weinen rühre von dem Schmerze her, daß er sich von seinem guten Falken trennen sollte, und war schon im Begriffe, zu sagen, sie verzichte darauf; dann aber enthielt sie sich dessen und wartete, bis Federigo zu weinen aufhören und ihr antworten werde, und der sagte: »Seit der Zeit, Madonna, wo es Gott gefallen hat, daß ich meine Liebe auf Euch richtete, habe ich in gar vielen Dingen die Widrigkeit des Schicksals empfunden und über das Schicksal geklagt; aber das waren lauter Kleinigkeiten im Vergleiche zu dem, was es mir jetzt antut und weswegen ich mich wohl nimmer mit ihm aussöhnen kann, wenn ich bedenke, daß es mich jetzt, wo Ihr in mein armes Haus gekommen seid, das Ihr, solange es reich gewesen ist, keines Besuches gewürdigt habt, außerstande gesetzt hat, Euch das kleine Geschenk, das Ihr von mir wollt, zu geben: und warum das nicht sein kann, das will ich Euch in kurzem erzählen. Als ich gehört habe, Ihr wolltet in Euerer Gnade mit mir essen, hielt ich es in Anbetracht Euerer Erhabenheit und Trefflichkeit für würdig und geziemend, Euch nach meinem Vermögen mit einer köstlichern Speise zu bewirten, als es gemeiniglich bei andern Leuten geschieht; da ich mich nun des Falken, den Ihr von mir verlangt habt, und seiner Güte entsann, hielt ich ihn für eine Speise, die Euer würdig sei, und Ihr habt ihn eben gebraten auf dem Teller gehabt. Und ich war der Meinung, ihn auf die beste Art verwendet zu haben; da ich aber jetzt sehe, daß Ihr ihn auf eine andere Weise begehrt hättet, ist mir das, daß ich Euch nicht damit dienen kann, so leid, daß ich mich darüber niemals trösten zu können glaube.« Und nach diesen Worten ließ er ihr zum Zeugnis die Federn und die Fänge und den Schnabel bringen. Als das die Dame sah und hörte, tadelte sie ihn zuerst, daß er einen solchen Falken getötet habe, um ihn einer Frau als Speise zu geben; dann aber rühmte sie bei sich selber seine Hochsinnigkeit, die die Armut nicht zu beugen vermocht hatte und vermochte. Da ihr aber keine Hoffnung verblieb, den Falken zu bekommen, und sie daher um die Genesung ihres Sohnes besorgt zu werden begann, ging sie schwermütig weg und kehrte zu ihrem Sohne heim. Und es dauerte nicht viele Tage, als dieser, ob aus Schwermut darüber, daß er den Falken nicht haben konnte, oder weil die Krankheit auch sonst dieses Ende hätte nehmen müssen, zum größten Schmerze seiner Mutter aus dem Leben schied. Nachdem sie nun eine Zeitlang in Tränen und Bitterkeit verbracht hatte, wurde sie, weil sie eine außerordentlich reiche und noch junge Frau war, zu mehrern Malen von ihren Brüdern gedrängt, sich wieder zu verheiraten. Als sie sah, daß sie, obwohl sie nicht wollte, doch immer wieder bestürmt wurde, erinnerte sie sich der Trefflichkeit Federigos und seiner letzten großmütigen Handlung, daß er nämlich, um sie zu bewirten, einen solchen Falken getötet hatte, und sagte zu ihren Brüdern: »Am liebsten bliebe ich ja, wenn euch das recht wäre, unvermählt; wenn ihr aber darauf besteht, daß ich einen Gatten nehme, so werde ich wahrhaftig keinen andern nehmen als Federigo degli Alberighi.« Darob verspotteten sie die Brüder und sagten: »Du Törin, was sagst du da? Warum willst du ihn denn, wo er nichts auf der Welt hat?« Aber sie sagte zu ihnen: »Ich weiß sehr wohl, meine Brüder, daß es so ist, wie ihr sagt, aber ich will lieber einen Mann ohne Reichtum als Reichtum ohne einen Mann.« Als die Brüder hörten, was für eine Gesinnung sie hatte, erfüllten sie ihren Wunsch, weil sie Federigo als einen trotz seiner Armut sehr ehrenwerten Mann kannten, und gaben sie ihm samt allen ihren Reichtümern. Als sich Federigo als Gatte einer solchen und von ihm so heiß geliebten Frau und überdies als Herr eines gar großen Vermögens sah, hielt er nunmehr das Seinige besser zusammen und vollendete seine Jahre in Freuden mit ihr.

Der Jüngling unterm Hühnerkorb

Pietro di Vinciolo geht weg, um anderswo zu Abend zu essen, und seine Frau läßt einen jungen Mann kommen. Pietro kehrt zurück, und sie versteckt ihren Geliebten unter einem Hühnerkorbe. Pietro erzählt, daß im Hause Ercolanos, wo er gegessen hatte, ein Jüngling, den dessen Weib eingelassen habe, gefunden worden sei, und Pietros Frau entrüstet sich über die Ercolanos. Zum Unglücke tritt ein Esel dem unterm Korbe auf die Finger, so daß er schreit; Pietro läuft hin, sieht ihn und erkennt den Trug seiner Frau, ist aber niederträchtig genug, schließlich mit ihr in Eintracht zu bleiben.

Die Erzählung der Königin war zu ihrem Ende gekommen, und alle hatten Gott für die würdige Belohnung Federigos gepriesen, als Dioneo, der nie auf einen Befehl wartete, begann: Ich weiß nicht, ob ich es eine in dem Wesen des Menschen begründete Untugend nennen soll oder ob es ein rein äußerlicher, erst durch die Sittenverderbnis hinzugetretener Fehler ist, daß wir weniger gern über gute Handlungen lachen als über Schlechtigkeiten, besonders wenn sie nicht uns angehn. Und weil die Mühe, der ich mich in den vorhergegangenen Tagen unterzogen habe und die ich jetzt wieder auf mich nehmen will, auf nichts andres abzielt, als euch die Schwermut zu nehmen und euch Lachen und Vergnügen zu bringen, so werde ich euch, meine verliebten Damen, die Geschichte, die ich im Sinne habe, trotz dem Umstande, daß sie teilweise nicht gerade ehrbar ist, erzählen, weil sie euch eben Vergnügen bringen kann: und ihr mögt, indem ihr sie anhört, ebenso tun, wie ihr tut, wenn ihr in einen Garten kommt, wo ihr nur die Rosen mit den zarten Händchen pflückt und die Dornen laßt: wenn ihr so tun werdet, so werdet ihr den schlechten Mann samt seiner Schändlichkeit in seinem Unglücke lassen und fröhlich über den verliebten Trug seiner Frau lachen, nicht ohne mit fremdem Mißgeschicke, wo es nottut, Mitleid zu haben.

In Perugia war, es ist noch gar nicht lange her, ein reicher Mann, Pietro di Vinciolo mit Namen, der, mehr um die Leute zu täuschen und um das Gerede, in dem er bei allen Peruginern stand, verstummen zu machen, als wegen eines Verlangens, das er gehabt hätte, ein Weib nahm; und das Geschick berücksichtigte seine Neigungen in der Weise, daß es ihm ein stämmiges, rothaariges und hitziges Mädchen zur Gattin gab, die lieber zwei Männer als einen hätte haben wollen, während sie an einen geriet, dessen Sinn nach etwas ganz anderm als nach ihren Zärtlichkeiten stand. Als sie das im Laufe der Zeit inneward, war sie anfänglich, weil sie sich hübsch und frisch sah und ihr heißes Blut und ihre Jugendkraft fühlte, sehr unmutig darüber und hatte mit ihrem Manne etliche Male garstige Auseinandersetzungen und schier beständigen Unfrieden. Da sie dann aber sah, daß sie sich dabei viel eher selbst aufreiben als seiner Schlechtigkeit Einhalt tun würde, sagte sie bei sich: ›Der Lump vernachlässigt mich, um in Holzschuhen durchs Trockene zu gehn, und ich werde trachten, daß ich einen anderen im Schifflein durchs Nasse bringe. Ich habe ihn zum Gatten genommen und ihm meine große, hübsche Mitgift zugebracht, weil ich dachte, er als Mann werde nach dem begehrlich sein, wonach die Männer begehrlich sind und sein müssen; und hätte ich nicht geglaubt, daß er ein Mann sei, hätte ich ihn nie genommen. Warum hat er mich denn, wo er gewußt hat, daß ich ein Weib bin, zur Gattin genommen, wenn ihm die Weiber zuwider sind? Das ist unerträglich. Hatte ich der Welt entsagen wollen, so wäre ich ins Kloster gegangen; wenn ich aber warten sollte, bis mir das Vergnügen oder die Lust, um derentwillen ich der Welt nicht habe entsagen wollen und nicht entsagt habe, von ihm käme, so würde ich wohl bei eitel Warten alt werden und würde dann im Alter umsonst voll Reue über meine verlorene Jugend klagen: wie man die genießen muß, dafür ist ja er der beste Lehrmeister, weil er mir zeigt, daß ich mein Vergnügen dort suchen soll, wo er das seinige findet, und dieses Vergnügen wird bei mir lobenswert sein, während es bei ihm überaus schändlich ist. Ich werde nur den Gesetzen zuwiderhandeln, er aber handelt den Gesetzen und der Natur zuwider.‹ Nachdem die gute Frau derartige Betrachtungen einmal und vielleicht öfter angestellt hatte, befreundete sie sich, um das insgeheim ins Werk zu setzen, mit einem alten Weibe, einer zweiten heiligen Verdiana, die den Schlangen Futter bringt: zu jedem Ablasse ging sie mit dem Rosenkranze in der Hand und sprach von nichts anderem als von dem Leben der Väter oder von den Wundmalen des heiligen Franziskus und galt allgemein als eine Heilige; der entdeckte nun die junge Frau, als es ihr an der Zeit schien, rückhaltlos ihre Absicht. Und die Alte sagte zu ihr: »Weiß Gott, Kind, der doch alle Dinge weiß, daran tust du sehr recht; und wenn du es um nichts sonst tätest, so müßtest du's ebenso wie jede junge Frau schon deswegen tun, um nicht deine Jugend zu verlieren, weil es für den Verständigen keinen Schmerz gibt, der dem über die verlorene Zeit gleichkäme. Und zu was Teufel sind wir denn, wann wir einmal alt sind, noch nütze, als die Asche um die Kohlenpfanne zu hüten? Wenn das irgendeine weiß oder darüber Zeugnis ablegen kann, so bin ich es: jetzt, wo ich alt bin, sehe ich mit schweren, bittern Gewissensbissen, aber umsonst, wie ich die

Zeit habe verstreichen lassen; und habe ich sie auch nicht ganz verloren – ich möchte ja nicht, daß du glaubest, ich sei ein dummes Ding gewesen –, so habe ich doch nicht getan, was ich hätte tun können: wenn ich jetzt, wo ich mir, wie du siehst, sagen muß, daß sich keiner fände, der mir Feuer für den Zunder gäbe, an die Vergangenheit zurückdenke, so weiß Gott, wie es mir leid tut. Bei den Männern steht die Sache anders: sie sind zu tausend Dingen geboren und nicht nur zu einem, und die alten sind meist mehr wert als die jungen; aber die Frauen sind zu nichts anderem geboren als zu dem da und wegen der Kinder, und nur um dessentwillen gelten sie etwas. Und ersähest du das aus nichts anderm, so müßtest du's daraus ersehn, daß wir immer dazu bereit sind, die Männer aber nicht, und daß überdies eine Frau eine Menge von Männern erschöpfen kann, während auch eine Menge Männer nicht imstande sind, eine Frau müde zu machen. Von dieser Welt hat jeder so viel, wie er sich nimmt, und das trifft sonderlich bei den Frauen zu, die die Zeit, wann sie da ist, besser nutzen sollen als die Männer; du kannst es ja sehen, wie uns, wann wir einmal alt sind, weder der eigene Mann noch ein anderer ansehen will, sondern wie wir in die Küche gejagt werden, um mit den Katzen zu schwatzen und die Töpfe und Schüsseln zu zählen: und ärger noch, sie singen Sprüchlein auf uns und sagen: ›Den Jungen den Kuß, den Alten den Verdruß‹, und derlei Zeug mehr. Jetzt will ich dich aber nicht länger mit Worten aufhalten, sondern sage dir nur noch so viel, daß du dich niemand auf der Welt mit besserm Nutzen hättest anvertrauen können als mir; denn es ist keiner so geschniegelt, daß ich mich ihm nicht zu sagen getraute, was not tut, und keiner so rauh und unwirsch, daß ich ihn nicht kirre machte und zu allem brächte, was ich will. Mach nur, daß du mir zeigst, wer dir gefällt, und überlaß es mir, zu handeln; um das eine aber bitte ich dich, Kind, bedenke, daß ich ein armes Weib bin, und ich will dich von Stund an an allen Ablässen, die ich gewinne, und an allen Vaterunsern, soviel ich auch bete, teilhaben lassen, damit sie Gott als ebenso viele Kerzen und Lichter für deine verstorbenen Angehörigen gelten lasse.« Und damit schloß sie. Nun beschrieb ihr die junge Frau einen Jüngling, der sehr oft durch ihre Straße ging, und einigte sich mit ihr dahin, daß sie es ihr überließ, die Sache nach ihrem Gutdünken abzumachen; dann gab sie ihr ein Stück Pökelfleisch und entließ sie mit Gott. Schon nach ein paar Tagen brachte ihr die Alte den, den sie bezeichnet hatte, und bald darauf einen andern und mehrere, wie eben die Lust nach ihnen die junge Frau anwandelte; und die ließ sich trotz ihrer Furcht vor ihrem Manne nicht eine einzige Gelegenheit entgehn, die sich ihr in dieser Art bot. Nun geschah es, daß sie, als ihr Mann eines Abends zu einem Freunde, der Ercolano hieß, zum Abendessen gehen sollte, der Alten auftrug, ihr einen Jüngling zu bringen, der einer der hübschesten und anmutigsten von Perugia war, und das tat die alsbald. Kaum hatte sich aber die Frau mit dem Jüngling zu Tische gesetzt, um mit ihm zu essen, als Pietro an der Tür rief, man solle ihm öffnen. Als das die Frau hörte, meinte sie, sie sei des Todes; trotzdem wollte sie den Jüngling, wenn es möglich wäre, verstecken: da sie aber zu verwirrt war, um ihn wegzuschicken oder ihn anderswo zu verstecken, ließ sie ihn in einem Vorraume der Kammer, wo sie aßen, unter einen Hühnerkorb, der dort war, kriechen und warf den Überzug eines Strohbetts, das sie am Tage hatte reinigen lassen, darüber, und dann beeilte sie sich, ihrem Manne zu öffnen. Als der im Hause war, sagte sie zu ihm: »Na, ihr habt ja das Essen rasch verschlungen.« Pietro antwortete: »Wir haben es nicht einmal gekostet.« – »Wie ist denn das zugegangen?« sagte die Frau. Nun sagte Pietro: »Ich will dir's sagen: Wir, Ercolano, seine Frau und ich, waren schon bei Tische, da hörten wir ganz in unserer Nähe niesen. Das erste Mal und das zweite kümmerten wir uns nicht darum; als aber der, der nieste, zum dritten Male und zum vierten und zum fünften und noch viel öfter nieste, waren wir alle baß verwundert. Ercolano, der über seine Frau etwas ärgerlich war, weil sie uns eine lange Weile hatte an der Tür stehn lassen, ohne zu öffnen, schrie, wie rasend: ›Was soll das heißen? Wer ist das, der so niest?‹ Und damit sprang er vom Tische auf, lief zu einer Treppe ganz in der Nähe, unter der bei der ersten Stufe ein Bretterverschlag war, wie sich ihn gemeiniglich die Leute herstellen, die ihr Haus bequem einrichten, damit man, wenn man will, etwas hineinlegen kann. Und weil ihm schien, daß das Niesen da herauskomme, öffnete er das Türchen des Verschlags, und in dem Augenblicke, wo er's öffnete, drang der widerlichste Schwefeldampf heraus. Der Schwefeldampf hatte sich schon vorher bemerkbar gemacht gehabt, aber die Frau hatte uns auf unsere Beschwerden gesagt: ›Das kommt daher, weil ich vorhin meine Schleier mit Schwefel gebleicht und dann die Pfanne, wo der Schwefel zum Räuchern der Schleier ausgestreut gewesen ist, unter die Treppe da gestellt habe, und daher riecht es noch immer.‹ Als sich der Dampf etwas verzogen hatte, blickte Ercolano durch das Türchen hinein, das er geöffnet hatte; da sah er denn den, der geniest hatte und noch immer nieste, weil ihn der Schwefeldampf dazu zwang; und obwohl er noch immer nieste, hatte ihm schon der Schwefel die Brust so beklemmt, daß wenig gefehlt hätte und es wäre mit dem Niesen und mit allem andern für immer ausgewesen. Nun schrie Ercolano: ›Jetzt verstehe ich, warum wir, als wir gekommen sind, so lange haben vor der Tür warten müssen, ohne daß uns aufgetan worden wäre; aber ich soll keine Freude mehr auf der Welt haben, wenn ich dich nicht dafür bezahle!‹ Als das die Frau hörte und also sah, daß ihr

Verbrechen offenkundig war, lief sie, ohne eine Entschuldigung vorzubringen, vom Tische weg und davon, und ich weiß nicht, wohin sie gegangen ist. Ercolano, der es gar nicht merkte, daß seine Frau weggelaufen war, sagte dem, der nieste, zu mehreren Malen, er solle herauskommen; der aber, der schon ohnmächtig war, rührte sich nicht, was immer auch Ercolano sagte. Darum packte ihn Ercolano bei einem Fuße und zog ihn heraus; und schon lief er um ein Messer, um ihn umzubringen. Da mir aber selber vor dem Richter bang war, stand ich auf und ließ es nicht zu, daß er ihn umgebracht oder mißhandelt hätte, sondern verteidigte ihn und schrie so lange, bis daraufhin Nachbarn herbeikamen, und die haben den jungen Mann, der schon halbtot war, aus dem Hause geschafft, wohin weiß ich nicht. So war denn unser Essen gestört, und ich habe es nicht nur nicht verschlungen, sondern es nicht einmal gekostet, wie ich gesagt habe.« Aus dieser Geschichte ersah die Frau, daß auch andere so klug waren wie sie, wenn auch dabei dann und wann einer ein Unglück widerfuhr, und sie hätte das Weib Ercolanos gern in Schutz genommen; weil sie aber dachte, sie könne dadurch, daß sie den fremden Fehler tadelte, dem eigenen einen freiern Weg schaffen, begann sie also: »Na, das sind recht schöne Sachen! Das muß ja eine fromme, wackere Frau sein! Und wie hat sie es verstanden, die Ehrbare zu spielen! Gebeichtet hätte ich bei ihr, so geistlich sah sie mir aus. Dabei ist sie, was noch ärger ist, heute schon alt und gibt den jungen ein solches Beispiel. Vermaledeit sei die Stunde, wo sie zur Welt gekommen ist, und ebenso sie selber, daß sie noch immer lebt, dieses ehrvergessene, treulose Weib, die alle Frauen in der ganzen Stadt entehrt und schändet! Mit Füßen hat sie ihre Ehrbarkeit getreten und die Treue, die sie ihrem Manne geschworen hat, und seine Ehre und hat sich nicht gescheut, einen solchen Mann, einen so ehrenwerten

Bürger, der sie so gut behandelt hat, um eines andern willen mit ihrer eignen Schmach zu besudeln. So wahr mir Gott helfe, mit solchen Weibern sollte man kein Mitleid haben: umgebracht müßten sie werden; lebendig müßte man sie ins Feuer werfen und zu Asche verbrennen.« Da sie sich aber wieder ihres Buhlen erinnerte, den sie ganz in der Nähe unter dem Korbe hatte, begann sie Pietro zuzureden, er solle zu Bette gehn, es sei an der Zeit. Pietro, der mehr Lust zu essen gehabt hätte als zu schlafen, fragte sie, ob nichts zum Abendessen da sei. Und die Frau antwortete: »Was soll denn da sein? Als ob wir viel zum Abendessen herrichteten, wenn du nicht da bist! Glaubst du, ich bin Ercolanos Weib? Warum gehst du nicht schlafen? Es ist das beste, was du tun kannst.« An eben diesem Abende waren einige Bauern Pietros mit verschiedenen Sachen vom Lande hereingekommen und hatten ihre Esel, ohne sie getränkt zu haben, in einem Ställchen neben dem Vorraume untergebracht; nun zog einer von diesen Eseln, der einen mächtigen Durst hatte, den Kopf aus dem Halfter, ging aus dem Stalle und schnupperte auf der Suche nach Wasser überall umher, und so geriet er auch an den Korb, unter dem der Jüngling war. Der hatte, weil er auf allen vieren kauern mußte, die Finger der einen Hand etwas außerhalb des Korbes auf dem Boden; und sein Glück oder sein Unglück, wie wir es nennen wollen, ließ es geschehn, daß ihm der Esel einen Fuß auf die Hand setzte. Wegen des heftigen Schmerzes, den er darob fühlte, stieß er einen lauten Schrei aus; Pietro, der ihn hörte, verwunderte sich baß und merkte, daß der Schrei von einem hergekommen war, der im Hause war. Als er deswegen hinausgegangen war, hörte er ihn noch immer wimmern, weil der Esel den Fuß noch nicht von der Hand weggenommen hatte, sondern sie fest quetschte; darum lief er mit dem Rufe: »Wer ist da?« zu dem Korbe hin und hob ihn auf. Und nun sah er das

Bürschchen, das, abgesehen davon, daß ihn die Finger wegen der Quetschung durch den Huf des Esels heftig schmerzten, vor Angst zitterte, daß ihm Pietro etwas zuleide tun werde. Pietro erkannte ihn und sah, daß es einer war, dem er in seinem lasterhaften Triebe schon lange nachgelaufen war; und als er auf seine Frage: »Was machst du da?« nichts sonst zur Antwort bekam, als daß ihn der um Gottes willen bat, ihm nichts zuleide zu tun, sagte er: »Steh auf und habe keine Angst, daß ich dir etwas zuleide täte; aber sage mir, wieso bist du da und warum?« Und das Bürschchen erzählte ihm alles. Nun nahm ihn Pietro, der über diese Entdeckung nicht weniger erfreut war, als seine Frau betrübt, bei der Hand und führte ihn in die Kammer, wo die Frau in der größten Angst von der Welt wartete. Pietro setzte sich ihr gegenüber und sagte: »Eben erst hast du das Weib Ercolanos vermaledeit und hast gesagt, daß sie verbrannt werden müßte und daß sie euch alle entehrt hat; warum hast du denn das nicht von dir selber gesagt? Oder wenn du es von dir nicht hast sagen wollen, wo hast du den Mut hergenommen, es von ihr zu sagen, wo du dir bewußt warst, dasselbe getan zu haben wie sie? Sicherlich hat dich dabei nichts andres geleitet als die Absicht, die euch allen gemein ist, nämlich euere eigenen Vergehn, weil keine um ein Haar besser ist, mit der Schuld der andern zu bemänteln: daß doch Feuer vom Himmel fiele und euch alle miteinander vertilgte, ihr schändliche Brut, die ihr seid!« Da die Frau sah, daß er ihr auf den ersten Anlauf nichts Böses sonst zugefügt hatte, als was in den Worten lag, und da sie zu merken glaubte, daß er vor Wonne zittere, ein so hübsches Bürschchen bei der Hand zu haben, faßte sie sich ein Herz und sagte: »Das glaube ich dir gerne, daß es dir recht wäre, wenn Feuer vom Himmel fiele und uns alle miteinander vertilgte; du hast ja nach uns so viel Verlangen wie der Hund nach den Prügeln. Aber bei Gottes Kreuz, so gut soll's dir nicht werden. Aber ich möchte mit dir ein wenig Abrechnung halten, um zu erfahren, worüber du dich eigentlich beschwerst; und ich werde sicherlich ganz gut dabei fahren, wenn du mich mit dem Weibe Ercolanos vergleichen willst. Das ist eine alte Scheinheilige, eine gleisnerische Betschwester und hat von ihm alles, was ihr Herz begehrt, und er hält sie, wie eine Frau gehalten werden soll; bei mir trifft das nicht zu. Zugegeben, daß ich hübsche Kleider und Schuhe von dir bekomme, so weißt du doch, wie es mit dem andern bestellt ist und wie lange es her ist, daß du nicht mehr bei mir gelegen hast; und ich ginge lieber in Lumpen und barfuß einher, wenn du mich im Bette besser behandeltest, als daß ich alles das habe und so behandelt werde, wie du mich behandelst. Sieh doch nur ein, Pietro, daß ich ein Weib bin wie die andern und daß ich dasselbe Verlangen habe wie die andern; wenn ich mich nun danach umtue, weil ich's von dir nicht bekomme, so kannst du mir das nicht verdenken: ich sehe wenigstens so weit auf deine Ehre, daß ich mich nicht mit Stallknechten und Lumpenkerlen einlasse.« Pietro merkte, daß ihr die Worte auch die ganze Nacht nicht ausgehn würden; darum und weil er sich wenig um sie scherte, sagte er: »Jetzt ist's genug, Weib: darin werde ich dich schon zufriedenstellen; aber es wäre sehr lieb von dir, wenn du sähest, daß wir etwas zu essen bekämen: ich glaube, der Knabe hat ebensowenig zu Abend gegessen wie ich.« – »Freilich nicht«, sagte die Frau, »noch hat er nichts gegessen; denn just, als dich der Teufel hergeführt hat, haben wir uns zu Tische setzen wollen, um zu essen.« – »Also geh«, sagte Pietro, »mach, daß wir essen können, und dann werde ich die Sache schon so einrichten, daß du keinen Grund haben wirst, dich zu beklagen.« Als die Frau sah, daß sich ihr Mann begütigt hatte, stand sie auf, ließ den Tisch rasch wieder decken und das Essen bringen, das sie vorbereitet gehabt hatte, und ließ es sich mit ihrem schändlichen Manne und dem Jüngling fröhlich schmecken. Wie es Pietro nach dem Mahle angestellt hat, daß alle drei befriedigt worden sind, ist mir entfallen. Soviel weiß ich aber, daß sich der Jüngling am nächsten Morgen auf dem Heimwege keinen sichern Bescheid hat geben können, wer sich mehr mit ihm unterhalten hatte, die Frau oder der Mann. Darum sage ich euch, meine verliebten Damen: Was einer dir tut, das tu ihm wieder; und kannst du es nicht, so merke dir es so lange, bis du es kannst, damit es ebenso aus dem Walde halle, wie hineingerufen worden ist.

Dioneo hatte seine Geschichte beendigt, bei der von den Damen, nicht etwa weil sie ihnen wenig Vergnügen gemacht hätte, sondern aus Scham minder gelacht worden war, und die Königin sah, daß das Ende ihrer Herrschaft gekommen war; darum stand sie auf, nahm den Lorbeerkranz ab und setzte ihn anmutsvoll auf das Haupt Elisas, indem sie zu ihr sagte: »Nun ist es an Euch, Madonna, zu gebieten.« Nachdem Elisa die Würde empfangen hatte, tat sie so, wie die andern getan hatten: zuerst erteilte sie dem Seneschall ihre Aufträge über das, was für die Zeit ihrer Herrschaft notwendig war, und dann sagte sie mit Zustimmung der ganzen Gesellschaft: »Wir haben nun schon oftmals gehört, wie es viele verstanden haben, ihrem Gegner mit einem hübschen Scherzworte oder mit einer schlagfertigen Antwort oder mit einem raschen Entschlusse die Zähne aus dem Munde zu beißen oder eine drohende Gefahr zu verscheuchen; und weil das ein hübscher Vorwurf ist, der vielleicht auch nützlich sein kann, so will ich, daß sich die morgigen Geschichten mit Gottes Hilfe in diesem Rahmen halten, das heißt, daß von denen gesprochen wird, die eine Neckerei zurückgegeben haben oder einem Verluste, einer Gefahr oder einer Beschämung durch eine schlagfertige Antwort oder durch einen raschen Entschluß entgangen sind.« Das fand bei allen großen Beifall; darum erhob sich die Königin und beurlaubte alle bis zur Stunde des Abendessens. Als die ehrenwerte Gesellschaft sah, daß sich die Königin erhoben hatte, standen auch sie alle auf, und nun beschäftigte sich in der gewohnten Weise jedes mit dem, was ihm das meiste Vergnügen machte. Als aber der Gesang der Heuvögel verstummt war, wurden alle zu Tische gerufen; das Mahl verlief fröhlich, und dann ging es an ein allgemeines Singen und Spielen. Emilia hatte auf den Wunsch der Königin einen Tanz begonnen, als Dioneo den Auftrag erhielt, ein Lied zu singen. Und augenblicklich begann er: »Monna Aldruda, fasset Mut, ich bring Euch gute Nachricht ...« Darüber begannen alle Damen zu lachen und besonders die Königin, aber die befahl ihm, das zu lassen und ein andres zu singen. Nun sagte Dioneo: »Madonna, wenn ich eine Zimbel hätte, so sänge ich: ›Hebt, Monna Lapa, doch den Rock‹ oder ›Unterm Ölbaum ist der Rasen‹; oder wolltet Ihr, daß ich Euch sänge: ›Der Wellenschlag tut mir gar weh‹? Aber ich habe keine Zimbel und darum wählt Euch unter diesen eins aus. Gefällt Euch das: ›Komm heraus und laß dich schneiden wie im Feld der Klee‹?« Die Königin sagte: »Nein, sing ein andres.« – »Also«, sagte Dioneo, »werde ich singen: ›Monna Simona, keltert doch; es ist noch nicht Oktober‹.« Lachend sagte die Königin: »Daß dich der Leibhaftige, sing ein hübsches, wenn du willst; das da wollen wir nicht.« Dioneo sagte: »Ärgert Euch nur nicht, Madonna; eins wird Euch schon gefallen: ich weiß ihrer mehr als tausend. Wollt Ihr: ›Wenn ich nicht mein Schneckchen beſühl an jedem Fleckchen‹ oder ›Mach es sachte, Liebster mein‹ oder ›Ich hab mir einen Hahn gekauft, der ist hundert Gulden wert‹?« Obwohl alle andern lachten, war jetzt die Königin doch ein wenig unwillig und sagte: »Dioneo, laß die Späße und sing ein hübsches Lied; wenn nicht, so könntest du erfahren, wie böse ich werden kann.« Als das Dioneo hörte, ließ er seine Possen und begann augenblicklich folgendermaßen zu singen:

O Liebesgott, in dem geträumten Licht,
Von ihren schönen Augen kaum geboren,
Bin ich für dich und sie, ein Knecht, verloren.
Es kam auf mich aus ihren Augen Leuchten,
Nachdem schon deine Glut im Herz mir brannte.
Und meine mußten sich befeuchten,
Als ich in mir die Macht von dir erkannte.
Das war, als sie ihr Antlitz zu mir wandte!
Ich lebte bloß, sie vor den Sinn zu zündeln,
Dann überkam es mich; du mußt zusammenbündeln,
Was du an Tugend hast; und vor ihr Bild es legen:
Doch nur, um noch erneuten Schmerz im Herz zu hegen!

So ward ich einer deiner Untertanen,
Du lieber Herr; und ganz um dich gereiht,
Erwarte ich von deiner Macht nur Freundlichkeit!
Doch weiß ich nicht, ergab sich wahres Ahnen
Von Sehnsucht mir, durch dich, nun zum Geleit?
Kennst du mein lebendes Vertrauen,
Das sie in mir möge erschauen,
Für Frieden? Mir! Zu ihr auf allen Wegen.
Ich möchte, hoffe nur auch auf eignen Segen.

Du, holder Herr, nun möchte ich dich bitten,
Daß du mich ihr empfiehlst: sie möge doch vom Feuer
Ein Fünkchen spüren, unter dem ich so gelitten.
Du siehst, wie ich, verderblich nur, zu ihr hin steuer:
Mir selbst bin ich, für Liebe, wie entglitten.
Als Märtyrer muß ich mich hier verzehren,

Nur du kannst über Leid und mich sie still belehren.
Wie gerne würde ich für dich Erglühtsein pflegen:
O wolltest du zu mir ihr Sinnen leise regen!

Da Dioneo durch sein Schweigen anzeigte, daß sein Lied zu Ende war, ließ die Königin noch viele andere singen, obwohl sie dem Dioneos viel Beifall gespendet hatte. Als dann ein Teil der Nacht verstrichen war und die Königin fühlte, daß die Hitze des Tages durch die Kühle der Nacht überwunden war, befahl sie, daß jeder bis zum Morgen nach seinem Gefallen zur Ruhe gehe.

Der Geliebte im Faß

Peronella steckt ihren Geliebten, als ihr Mann heimkommt, in ein Faß; da der Mann sagt, er habe dieses Faß verkauft, sagt sie, sie habe es einem verkauft, der eben drinnen sei, um zu sehn, ob es noch ganz sei. Nun kommt der heraus und läßt es von dem Manne auskratzen und in sein Haus tragen.

Mit herzlichem Gelächter wurde Emilias Geschichte aufgenommen und alle priesen den Spruch als trefflich und heilig; als aber die Geschichte zu Ende war, befahl der König, daß Filostrato fortzufahren habe, und der begann also: So zahlreich sind die Streiche, meine lieben Damen, die euch die Männer spielen, und sonderlich die Ehemänner, daß ihr, wenn es einmal geschieht, daß eine Frau ihrem Manne einen spielt, nicht nur zufrieden sein müßtet, daß dies geschehn ist oder daß ihr es erlebt oder daß ihr davon habt erzählen hören, sondern daß ihr selber gehn und es überall erzählen müßtet, damit es die Männer also innewürden, daß es, wenn sie es treffen, die Frauen ebensogut treffen; und wenn ihnen diese Erkenntnis käme, so könnte das nicht anders als nützlich für euch sein: denn wenn einer weiß, daß es auch der andere trifft, so läßt er sich nicht so leicht einfallen, ihn hintergehen zu wollen. Wer wird denn also zweifeln, daß das, was wir heute erzählen werden, für die Männer, wenn sie es wieder erführen, ein triftiger Anlaß wäre, sich in ihrem Verlangen, euch Streiche zu spielen, einen Zügel anzulegen, weil sie daraus ersehn würden, daß auch ihr es, wenn ihr nur wolltet, verstündet, ihnen Streiche zu spielen? Darum ist es meine Absicht, euch zu erzählen, was ein junges Weibchen, obwohl geringen Standes, mit schneller Geistesgegenwart zu ihrer Rettung ihrem Manne angetan hat.

Ein armer Mann in Neapel hatte – es ist noch nicht lange her – ein hübsches, muntres Mädchen, Peronella geheißen, zur Frau genommen; und nun fristeten sie ihr Leben so gut, wie es möglich war, mit den paar Groschen, die er in seinem Handwerke als Maurer und sie durch Spinnen verdiente. Da geschah es eines Tages, daß ein junger Stutzer Peronella sah und sich, weil sie ihm wohlgefiel, in sie verliebte; darum umwarb er sie auf allerhand Arten so lange, bis sie mit ihm einverstanden war. Und um zusammenkommen zu können, verabredeten sie, er solle, weil ihr Gatte alle Morgen, um zur Arbeit zu gehn oder Arbeit zu suchen, früh aufstand, so zur Stelle sein, daß er ihn weggehn sehe, und nach seinem Weggehn, da die Straße, wo das Ehepaar wohnte und die Avorio hieß, sehr einsam war, zu ihr ins Haus kommen; und so taten sie zu often Malen. Mit der Zeit geschah es aber eines Morgens, daß Giannello Strignario – so hieß der junge Mann –, der nach dem Weggehn des guten Mannes ins Haus gekommen war, noch bei Peronella weilte, als der Mann, der sonst den ganzen Tag nicht heimzukommen pflegte, zurückkehrte; da er die Tür verriegelt fand, so klopfte er, und nach dem Klopfen begann er bei sich zu sagen: ›Gepriesen seist du immerdar, o Herr; wenn es auch dein Wille war, daß ich arm sei, so hast du mir wenigstens den Trost einer guten und ehrbaren Frau gegeben. Sieh nur, wie rasch sie, kaum daß ich weggegangen bin, die Tür verriegelt hat, um jedem, der sie belästigen könnte, den Eintritt zu verwehren.‹ Als Peronella ihren Mann hörte, den sie an seinem Klopfen erkannte, sagte sie: »O weh, Giannello, ich bin verloren! Da ist mein Mann, daß ihn Gott schände, zurückgekommen, und ich weiß nicht, was das bedeuten soll, weil er noch nie zu dieser Stunde zurückgekommen ist; vielleicht hat er dich hereingehn sehn. Aber sei es was immer, steige um Gottes willen in das Faß da, und ich gehe ihm öffnen, und wir werden sehn, was das zu bedeuten hat, daß er heute so bald wieder heimgekommen ist.« Hurtig stieg Giannello ins Faß, und Peronella ging zur Tür und öffnete ihrem Manne; und sie sagte mit bösem Gesichte: »Was sind denn das für neue Sachen, daß du heute so bald heimkommst? Das sieht mir gerade so aus, als ob du heute feiern wolltest, weil du dein Werkzeug nach Hause bringst; wenn du es so treibst, wovon werden wir denn leben? Woher sollen wir Brot nehmen? Glaubst du, ich würde es zugeben, daß du mein Jäckchen versetzt und meine andern Lumpen? Wo ich Tag und Nacht nichts andres tue als spinnen, daß sich mir das Fleisch von den Nägeln löst, nur damit wir wenigstens so viel Öl haben, wie in unserer Lampe verbrennt! Mann, Mann, es ist keine einzige Nachbarin, die sich nicht voll Staunen darüber lustig machte, was und wie ich mich placke; und du kommst mir mit schlenkernden Armen nach Hause, wo du doch bei der Arbeit sein solltest!« Und nach diesen Worten begann sie zu weinen, fing aber gleich wieder an: »O weh, o weh, ich Ärmste, ich Unglückliche, in was für einer übeln Stunde bin ich geboren, wie weit ist's mit mir gekommen! Hätte ich doch einen so wackern jungen Mann haben können und habe ihn nicht wollen, um an den da zu geraten, der nicht bedenkt, wen er heimgeführt hat! Die andern machen sich gute Tage mit ihren Liebhabern, und da gibt's keine, die nicht ihrer zwei oder drei hätte, und sie lassen sich's wohl sein mit ihnen, und ihren Männern zeigen sie den Mond für die Sonne; und ich, ich Elende, weil ich gut bin und nichts wissen will von derlei Dingen, ich habe nichts als Unglück und Trübsal. Merke dir's, Mann, wenn ich schlecht sein wollte, ich fände leicht einen, und es sind genug feine Herren da, die mich lieben und es gut mit mir meinen, und sie haben mir Geld geboten oder ob ich Kleider oder Schmuck haben will, aber ich habe es nie übers Herz bringen können, weil ich nicht die Tochter von so einer bin: und du kommst mir nach Hause, wenn du bei der Arbeit sein solltest!« Der Mann sagte: »Aber Frau, ereifere dich doch nicht, um Himmels willen: du darfst es mir glauben, ich weiß, was du bist, und erst heute morgen habe ich mich davon überzeugt; es ist ja wahr, daß ich habe arbeiten gehn wollen, aber wie es sich zeigt, weißt du es ebensowenig, wie ich es gewußt habe, daß heute St. Galleon ist, wo nicht gearbeitet wird, und darum bin ich zu dieser Stunde heimgekommen. Aber nichtsdestoweniger habe ich vorgesorgt und etwas ausfindig gemacht, daß wir Brot haben werden für mehr als einen Monat; ich habe nämlich dem Manne da, der, wie du siehst, mit mir hergekommen ist, das Faß verkauft, das uns, wie du weißt, so lange im Wege gestanden hat, und er gibt mir fünf Gilgengulden dafür.« Nun sagte Peronella: »So etwas ist es ja gerade, was mich an dir kränkt! Du bist ein Mann und kommst herum und solltest doch Bescheid wissen, und dabei hast du ein Faß um fünf Gilgengulden verkauft, das ich, ein Frauenzimmer, das kaum über die Haustür kommt, um sieben verkauft habe, weil ich gesehn habe, wie es uns im Wege stand; und der, der es gekauft hat, ist eben, als du zurückgekommen bist, hineingestiegen, um zu sehn, ob es auch ganz ist.« Als das der Mann hörte, war er mehr als zufrieden und sagte zu dem, der mit ihm um das Faß gekommen war: »Freund, geh mit Gott; du siehst, meine Frau hat es um sieben verkauft, während du mir nicht mehr als fünf geboten hast.« Der Biedermann sagte: »Meinetwegen«, und ging. Und Peronella sagte zu ihrem Manne: »Geh doch hin, weil du einmal da bist, und mach uns den Handel richtig.« Giannello, der die ganze Zeit mit gespitzten Ohren gehorcht hatte, ob er etwas zu fürchten habe oder ob er sich vorsehn müsse, sprang, als er die letzten Worte Peronellas hörte, augenblicklich aus dem Fasse und sagte, als ob er die Heimkunft des Mannes gar nicht bemerkt hätte: »Wo steckst du denn, gute Frau?« Und der Mann, der schon hinging, sagte: »Da bin ich, was willst du?« Giannello sagte: »Wer bist denn du? Ich will die Frau, mit der ich um das Faß gehandelt habe.« Darauf sagte der andere: »Das könnt Ihr ruhig mit mir tun, ich bin ihr Mann.« Nun sagte Giannello: »Das Faß scheint mir noch ganz, aber Ihr scheint Hefe drinnen gehabt zu haben; denn es ist über und über mit, ich weiß nicht was für einer so trockenen Kruste überkleistert, daß ich sie mit den Nägeln nicht wegkriegen kann, und darum will ich es erst einmal rein sehn, bevor ich es nehme.« Nun sagte Peronella: »Deswegen soll der Handel nicht zurückgehn; mein Mann wird es durchaus reinigen.« Und der Mann sagte: »Jawohl.« Und er legte sein Werkzeug weg, zog das Wams aus, ließ sich ein Licht anzünden und einen Kratzer geben, stieg hinein und machte sich ans Kratzen. Und Peronella beugte sich, als ob sie ihm hätte zusehn wollen, über das Faß, das nicht sehr hoch war, und legte sich so darüber, daß sie einen Arm samt der ganzen Schulter drinnen hatte, und fing dann an: »Da kratz, und da und dort auch«, und: »Schau, da ist noch ein bißchen haften geblieben.« Und während sie in dieser Stellung den Mann anwies und ihn auf manches aufmerksam machte, kam Giannello, der sein Verlangen noch nicht völlig gestillt gehabt hatte, als der Mann heimgekommen war, auf den Gedanken, es so zu stillen, wie er konnte, weil er wohl sah, daß er so nicht konnte, wie er gewollt hätte; und darum trat er an die Frau heran, deren Leib die Öffnung des Fasses völlig zudeckte, und befriedigte sein Jugendverlangen in derselben Weise, wie auf den weiten Steppen die ungezäumten und brünstigen Hengste die parthischen Stuten anspringen, und gelangte in demselben Augenblicke ans Ende, wo das Faß ausgekratzt war: und er trat zurück, und Peronella zog den Kopf aus dem Fasse und der Mann stieg heraus. Nun sagte Peronella zu Giannello: »Nimm das Licht, Freund, und sieh nach, ob es dir rein genug ist.« Giannello sah hinein und sagte, daß alles in Ordnung sei und daß er zufrieden sei; dann gab er dem Manne sieben Gilgengulden und ließ es sich nach Hause tragen.

Ausgesperrt

SIEBTER TAG
VIERTE GESCHICHTE

Tofano sperrt eines Nachts seine Frau aus dem Hause; da ihr ihre Bitten keinen Einlaß verschaffen können, tut sie, als ob sie sich in einen Brunnen stürzte, und wirft einen Stein hinein. Tofano kommt aus dem Hause und läuft hin, und sie tritt ins Haus und sperrt ihn aus und schmäht ihn keifend.

Kaum sah der König, daß die Geschichte Elisas zu Ende war, so wandte er sich auch schon zu Lauretta und deutete ihr seinen Wunsch an, daß sie erzähle; darum fing sie ohne Zaudern also an: O Amor, wie groß ist deine Macht! Wie unerschöpflich bist du an Ratschlägen und Erfindungen! Welcher Weise oder Meister der Vergangenheit oder der Gegenwart könnte sich dieser Warnungen, Erfindungen und Fingerzeige rühmen, die du im Augenblicke dem bietest, der deinen Fußtapfen folgt! Wahrlich, die Unterweisung jedes andern ist träg im Vergleiche zu deiner, wie es denn genugsam aus den schon erzählten Beispielen erhellt. Zu diesen will ich, meine verliebten Damen, noch eins von einer einfältigen Frau hinzufügen, das von der Art ist, daß ich nicht weiß, wer anders sie die List hätte lehren können als Amor.

Es war also einmal in Arezzo ein reicher Mann, der Tofano hieß. Der hatte zur Gattin eine sehr schöne Frau erhalten, Monna Ghita mit Namen, und auf die wurde er alsbald eifersüchtig, ohne daß er gewußt hätte warum. Als das die Frau merkte, fragte sie ihn voll Unmut zu mehrern Malen um den Grund seiner Eifersucht; da er ihr aber keinen andern nennen konnte als ganz allgemeine und hinfällige, kam ihr der Einfall, ihn an dem Übel sterben zu lassen, wovor er grundlos Angst hatte. Und weil sie gemerkt hatte, daß ein ihrer Meinung nach vortrefflicher junger Mann um sie buhlte, begann sie sich vorsichtig mit ihm zu verständigen; als dann der Handel zwischen ihm und ihr so weit richtig war, daß nichts mehr als die Ausführung der Worte fehlte, dachte die Frau daran, auch dazu ein Mittel ausfindig zu machen. Unter den schlechten Eigenschaften, die sie an ihrem Manne entdeckt hatte, war auch seine Neigung, viel zu trinken, und nun begann sie ihn nicht nur deswegen zu loben, sondern ihn auch gar listig dazu anzueifern. Und das machte sie sich so zur Gewohnheit, daß sie ihn fast jedesmal, wann es ihr paßte, verleitete, sich einen Rausch anzutrinken; und als sie ihn das erste Mal betrunken sah, brachte sie ihn zu Bette und kam mit ihrem Geliebten zusammen, und diese Zusammenkünfte verschafften sie sich dann noch des öftern in aller Sicherheit. Und so sehr verließ sie sich auf seine Trunkenheit, daß sie nicht nur die Verwegenheit fand, ihren Geliebten zu sich ins Haus zu lassen, sondern auch manchmal auf einen großen Teil der Nacht in sein Haus ging, das nicht weit von ihrem war. Indem die verliebte Frau dieses Treiben fortsetzte, geschah es, daß ihr niederträchtiger Mann endlich merkte, daß sie, obwohl sie ihn zum Trinken aufforderte, niemals auch selber trank; daraus schöpfte er den Argwohn, es könnte so sein, wie es auch wirklich war, nämlich daß ihn die Frau trunken mache, um, während er im Schlafe liege, ihrer Lust nachzugehen. In der Absicht, zu erproben, ob dem so sei, trank er einmal tagsüber nichts und stellte sich des Abends in Reden und Gebärden als ob er der betrunkenste Mensch wäre, den es je gegeben hätte. Die Frau glaubte es, erachtete nicht für notwendig, daß er weiter trinke, und brachte ihn alsbald zu gutem Schlafe ins Bett. Und hierauf verließ sie das Haus, so wie sie schon zu manchen Malen getan hatte, begab sich zu ihrem Geliebten und blieb bei ihm bis gegen Mitternacht. Als Tofano merkte, daß die Frau nicht mehr da war, stand er auf, ging zur Haustür und verschloß sie von innen und stellte sich ans Fenster, um die Frau heimkommen zu sehn und ihr zu zeigen, daß ihm ihre Aufführung nicht mehr unbekannt sei; und er wartete so lange, bis die Frau daherkam. Als sich die ausgesperrt fand, war sie über die Maßen bestürzt und begann zu versuchen, ob sie die Tür mit Gewalt öffnen könne. Eine Weile sah ihr Tofano zu, dann aber sagte er: »Frau, du bemühst dich umsonst; du kannst nicht herein. Geh, und geh wieder dorthin, wo du bis jetzt gewesen bist, und laß es dir gesagt sein, daß du nicht eher hereinkommst, als bis ich dir dieses Vorfalls halber vor deinen Verwandten und vor den Nachbarn die Ehre erwiesen habe, die dir gebührt.« Die Frau begann ihn um Gottes willen zu bitten, er möge doch so gut sein und ihr öffnen; sie komme nicht dorther, wo er meine, sondern sie sei bei einer Nachbarin zu Besuch gewesen, weil die Nächte jetzt zu lang seien, als daß sie die ganze Zeit schlafen oder allein wachen könnte. Ihr Bitten half ihr aber nicht das mindeste, weil dieses Vieh durchaus entschlossen war, seine und ihre Schande, von der einstweilen noch niemand etwas wußte, vor ganz Arezzo offenbar zu machen. Als die Frau sah, daß ihre Bitten eitel blieben, nahm sie ihre Zuflucht zu Drohungen und sagte: »Wenn du mir nicht öffnest, so werde ich dir etwas antun, daß du der unseligste Mensch auf Gottes Erdboden sein wirst.« Tofano antwortete: »Was könntest du mir denn antun?« Die Frau, der Amor schon durch seine Eingebungen den Verstand geschärft hatte, antwortete: »Bevor ich diese Schmach ertrage, die du mir ungerechterweise zugedacht hast, stürze ich mich in den Brunnen da, und wenn ich dann dort als Leiche gefunden werde, so wird es keinen Menschen geben, der nicht glauben würde, daß du mich in der Trunkenheit hineingeworfen hast; dann wirst du entweder fliehen und alles, was du hast, im Stiche lassen und im Elend leben müssen, oder man wird dir als meinem Mörder, der du ja auch wirklich sein wirst, den Kopf abschlagen.« Aber auch diese Worte brachten Tofano nicht dazu, seinen törichten Sinn zu ändern. Darum sagte die Dame: »Nun denn, ich kann diesen Ärger nicht länger mehr ertragen: Gott verzeihe ihn dir; laß meinen Spinnrocken wegnehmen, den ich hier liegen lasse.« Und nach dieser Rede ging sie – die Nacht war so finster, daß auf der Straße keiner den andern hätte sehn können – zu dem Brunnen, nahm einen der größten Steine, die am Fuße der Einfassungsmauer lagen, schrie: »Gott, verzeih mir!« und ließ ihn in den Brunnen fallen. Der Stein machte, als er auf das Wasser traf, ein gewaltiges Geräusch, und so glaubte Tofano fest, sie habe sich hineingestürzt; darum nahm er Eimer und Seil, stürzte aus dem Hause, um ihr Hilfe zu bringen, und rannte zum Brunnen. Die Frau, die sich nahe bei der Haustür versteckt hatte, schlüpfte, als sie ihn zum Brunnen rennen sah, ins Haus, schloß sich ein, trat ans Fenster und fing also an: »Den Wein soll man wässern, wenn man ihn trinkt, und nicht hinterdrein in der Nacht.« Als das Tofano hörte, sah er wohl ein, daß er gefoppt worden war, er ging zur Tür zurück und begann der Frau, weil er nicht hineinkonnte, zu sagen, daß sie ihm öffnen solle. Aber die gab es nunmehr auf, leise zu reden, wie sie's bisher getan hatte, und begann schier schreiend also: »Bei Gottes Kreuz, du ärgerlicher Trunkenbold, heute nacht kommst du nicht herein; ich habe dein Leben endlich einmal satt, und ich muß es alle Welt sehn lassen, was für einer du bist und wann du in der Nacht nach Hause kommst.« Tofano wieder begann ihr in seiner Wut Beschimpfungen zuzurufen und zu schreien, und darüber standen die Nachbarn, die den Lärm hörten, auf und kamen, Männer und Frauen, an die Fenster und fragten, was los sei. Die Frau fing weinend an und sagte: »Das ist dieser schlechte Mensch, der mir entweder abends betrunken heimkommt oder in den Kneipen schläft und dann um diese Stunde nach Hause kommt: lange genug habe ich's ertragen, ohne daß es mir etwas geholfen hätte, aber endlich habe ich's nimmer ertragen können, und deshalb habe ich ihm diese Schande, ihn aus dem Hause zu sperren, antun wollen, um zu sehn, ob er sich bessern wird.« Das Vieh Tofano wieder sagte, wie der Hergang gewesen war, und stieß heftige Drohungen gegen sie aus. Aber die Frau sagte zu ihren Nachbarn: »Nun seht ihr, was er für ein Mensch ist! Was würdet ihr sagen, wenn ich auf der Straße wäre, wie er es ist, und er im Hause, wie ich es bin? Gottstreu, ich zweifle nicht im geringsten, daß ihr sagen würdet, er habe recht. Daraus könnt ihr leicht erkennen, was er im Sinne hat. Just das, was ich glaube, daß er getan hat, sagt er, hätte ich getan. Er hat mich zu erschrecken geglaubt, indem er, ich weiß nicht was in den Brunnen gestürzt hat; aber wollte nur Gott, er hätte sich wirklich selber hineingestürzt und wäre ertrunken: so hätte er doch den Wein, den er zuviel getrunken hat, ordentlich gewässert.« Die Nachbarn, Männer und Frauen, begannen alle Tofano zu schelten und ihm die Schuld beizumessen und ihm wegen dessen, was er wider die Frau gesagt hatte, Grobheiten zu sagen; und binnen kurzem ging der Lärm von Nachbar zu Nachbar, bis er schließlich auch zu den Verwandten der Frau gelangte. Die kamen hin, ließen sich die Sache von dem einen Nachbar und dem andern erzählen, packten Tofano und prügelten ihn so weidlich durch, daß ihm kein Fleckchen heil blieb am ganzen Leibe. Dann gingen sie ins Haus, nahmen die Sachen der Frau und führten die Frau zu ihnen nach Hause, nicht ohne Tofano noch mit etwas Schlimmerm gedroht zu haben. Da nun

Tofano sah, wie schlecht ihm das ausgegangen war und wie schlecht ihn seine Eifersucht beraten hatte, bat er, weil er seine Frau von Herzen liebhatte, einige Freunde um ihre Vermittlung und ruhte nicht eher, als bis er die Frau in gutem Frieden wieder im Hause hatte; und er versprach ihr, fürder nicht mehr eifersüchtig zu sein, und gab ihr überdies die Erlaubnis, all ihrer Lust nachzugehn, so weislich jedoch, daß er davon nichts merke. Und so hat er's gemacht wie der dumme Bauer, der sich nicht verträgt, wenn man ihn nicht schlägt. Und darum lebe die Liebe, und nieder mit dem Joch und was daran hängt!

Der eifersüchtige Kaufmann

Ein Eifersüchtiger hört seiner Frau als Priester verkleidet die Beichte, und sie macht ihm weis, sie liebe einen Geistlichen, der allnächtlich zu ihr komme; während nun der Eifersüchtige heimlich bei der Tür auf den Geistlichen lauert, läßt die Dame ihren Geliebten übers Dach zu sich kommen und unterhält sich mit ihm.

Lauretta hatte ihre Geschichte zu Ende gebracht, und niemand hatte der Frau das Lob versagt, daß ihre Handlungsweise richtig und der Niederträchtigkeit ihres Gatten angemessen gewesen sei, als sich der König, um keine Zeit zu verlieren, zu Fiammetta wandte und sie einlud, das Amt der Erzählerin auf sich zu nehmen; darum begann die also: Die letzte Geschichte veranlaßt mich, meine edeln Damen, ebenso von einem Eifersüchtigen zu erzählen, weil ich dafürhalte, daß alles, was ihnen ihre Frauen antun, besonders wenn die Eifersucht grundlos ist, wohlgetan ist. Und hätten die Gesetzgeber alles wohl erwogen, so meine ich, hätten sie den Frauen dafür keine andere Strafe zuerkennen dürfen, als sie dem zuerkannt haben, der seinen Gegner verletzt, indem er sich wehrt; denn die Eifersüchtigen trachten ihren jungen Frauen nach dem Leben und befleißigen sich, sie in den Tod zu treiben. Die Frauen sind die ganze Woche im Hause eingesperrt und besorgen alles, was Haus und Wirtschaft erheischen, möchten dann aber gerne, wie es jedermann tut, am Festtage etwas Freude und etwas Erholung haben und etwa ein Vergnügen genießen, wie es die Bauern auf dem Lande, die Handwerker in den Städten und die hohen Herren an den Höfen genießen, wie es Gott getan hat, der am siebenten Tage von all seiner Mühe ausgeruht hat, und wie es die heiligen und bürgerlichen Gesetze verlangen, die zu Gottes Ehre und zum gemeinen Wohle die Tage der Mühsal von den Tagen der Ruhe unterscheiden. Aber davon wollen die Eifersüchtigen nichts wissen, vielmehr machen sie gerade die Tage, die für alle andern Frauen freudig sind, für die ihrigen, die sie in engern Gewahrsam sperren, besonders traurig und trübselig: und wie und wie sehr das an den Armen nagt, das weiß nur die Frau, die es an sich erfahren hat. Um also den Schluß zu ziehn, sage ich, die Frauen sollten für das, was sie eifersüchtigen Männern zum Trotze tun, nicht verdammt, sondern gepriesen werden.

Es war also einmal in Rimini ein Kaufmann, reich an Grundbesitz und Geld, der auf die schöne Dame, die er zur Frau hatte, über die Maßen eifersüchtig wurde; und dazu hatte er keinen andern Grund, als daß er, weil er sie sehr liebte und sie für sehr schön hielt und weil er sah, daß sie mit all ihrem Fleiße trachtete, ihm zu gefallen, der Meinung war, ebenso liebe sie jeder andere und alle fänden sie schön und sie trachte ebenso allen zu gefallen wie ihm – eine Schlußfolgerung, wie sie nur ein schlechter und wenig verständiger Mann ziehen konnte. Da er also eifersüchtig geworden war, gab er so Obacht auf sie und hielt sie so streng, daß es vielleicht genug zum Tode verurteilte Missetäter gibt, die von ihren Kerkermeistern nicht mit solcher Obacht verwahrt werden. Abgesehn davon, daß die Dame nie zu einer Hochzeit oder zu einem Feste oder in die Kirche gehn oder irgendwie den Fuß aus dem Hause setzen durfte, getraute sie sich nicht einmal, ans Fenster zu treten oder aus irgendeinem Grunde einen Blick auf die Straße zu werfen; darum war ihr Leben gar trübselig, und sie ertrug dieses Ungemach um so ungeduldiger, je weniger schuldig sie sich fühlte. Da sie also sah, daß die Unbill, die ihr Mann ihr antat, ungerecht war, verfiel sie darauf, zu ihrem Troste, wenn nur irgendwie möglich, ein Mittel ausfindig zu machen, damit ihr diese Behandlung nicht mehr zu Unrecht zuteil werde. Und weil sie nicht ans Fenster treten durfte und es also ausgeschlossen war, daß sie etwa einem liebäugelnd Vorübergehenden hätte zu verstehn geben können, sie wäre seine Liebe zufrieden, so gedachte sie, da sie wußte, daß in dem Hause nebenan ein hübscher, anmutiger Jüngling war, ihr Augenmerk darauf zu richten, ob vielleicht in der Mauer, die die beiden Häuser trennte, irgendeine Öffnung sei, durch die sie dann so oft blicken wollte, bis sie den Jüngling zu einem Zeitpunkte sehn würde, wo sie mit ihm sprechen und ihm ihre Liebe, wenn er die annehmen wollte, zum Geschenke machen könnte, worauf sie sich um ein Mittel umzusehn gedachte, sich mit ihm ein und das andere Mal zusammenzufinden und auf diese Weise über ihr elendes Leben auf so lange hinwegzukommen, bis der Teufel ihrem Manne aus dem Leibe gefahren sein werde. Indem sie nun die Mauer, wann ihr Mann nicht daheim war, bald hier und bald dort betrachtete, sah sie zufällig, daß sie in einem ganz versteckten Winkel durch einen Spalt etwas geöffnet war. Obwohl sie beim Durchsehn nur sehr schlecht unterscheiden konnte, was an der andern Seite war, erkannte sie doch, daß es eine Kammer war, wohin der Spalt auslief, und sagte bei sich: ›Wenn das die Kammer Filippos wäre‹, – nämlich ihres jungen Nachbars – ›so hätte ich halb gewonnen.‹ Und sie ließ es durch eine Magd von ihr, die Mitleid mit ihr hatte, vorsichtig ausspähen und erfuhr, daß dort wirklich der junge Mann ganz allein schlief. Darum besuchte sie den Spalt gar häufig und ließ, wann sie drüben den Jüngling hörte, Steinchen und Splitter hinüberfallen und tat das so lange, bis der Jüngling endlich einmal herankam, um zu sehn, was das sei; nun rief sie ihn leise an. Und er, der ihre Stimme kannte, antwortete ihr; und da sie nun die Gelegenheit hatte, eröffnete sie ihm in kurzen Worten alles, was sie im Sinne hatte. Wohl zufrieden damit, vergrößerte der Jüngling das Loch von seiner Seite aus, immerhin nur so, daß es niemand bemerken konnte; und dort plauderten sie zu often Malen und reichten sich die Hände, aber etwas weiters war wegen der regelrechten Bewachung des Eifersüchtigen nicht möglich. Als nun das Weihnachtsfest herankam, sagte die Dame zu ihrem Manne, wenn es ihm recht sei, wolle sie am Morgen des Christtages zur Beichte und Kommunion in die Kirche gehn, wie es die andern Christen täten. Aber der Eifersüchtige sagte zu ihr: »Was für Sünden hast du denn begangen, daß du beichten willst?« Die Dame sagte: »Wie? Glaubst du, ich sei eine Heilige, weil du mich eingeschlossen hältst? Du weißt es doch wohl, daß ich Sünden habe so wie alle andern, die auf Erden leben; aber dir will ich sie nicht sagen, weil du kein Priester bist.« Aus diesen Worten schöpfte der Eifersüchtige Argwohn und verfiel darauf, wissen zu wollen, was das für Sünden seien, und erdachte auch ein Mittel, das wirklich durchzusetzen; darum antwortete er ihr, er sei es zufrieden, wolle aber nicht, daß sie in eine andere Kirche gehe als in ihre Kapelle, und dort solle sie am Morgen beizeiten hingehn und entweder ihrem Kaplan oder dem Priester, den ihr der bezeichnen werde, aber ja keinem andern beichten und auf der Stelle wieder heimkommen. Die Dame deuchte es, sie habe ihn halb und halb verstanden; sie sagte jedoch kein Wort darüber, sondern antwortete, das werde sie tun. Am Morgen des Christtages stand sie mit der Morgenröte auf, kleidete sich an und ging in die Kirche, die ihr ihr Mann angegeben hatte. Der Eifersüchtige wieder stand ebenso auf, ging in dieselbe Kirche und war noch vor ihr dort; da er schon mit dem Priester alles abgeredet hatte, legte er rasch eine von dessen Kutten mit einer großen, über die Wangen reichenden Kapuze an, wie wir solche bei den Priestern sehn, zog sich die Kapuze ein wenig ins Gesicht und setzte sich in den Chor. Als die Dame in die Kirche gekommen war, ließ sie den Priester rufen. Der kam und sagte ihr, als er von ihr hörte, daß sie beichten wolle, er könne sie nicht anhören, werde ihr aber einen andern schicken; und er ging weg und schickte den Eifersüchtigen in sein Unglück. Der kam gar würdevoll daher, aber obwohl der Tag noch nicht gar hell war und obwohl er sich die Kapuze über die Augen gezogen hatte, konnte er sich doch nicht so verstellen, daß ihn die Dame nicht augenblicklich erkannt hätte. Und die sagte bei sich, als sie ihn in diesem Aufzuge sah: ›Gepriesen sei Gott, daß er aus einem Eifersüchtigen ein Geistlicher geworden ist; aber laß nur, ich werde ihm schon geben, was er suchen geht.‹ Sie ließ sich also nichts anmerken, daß sie ihn erkannt hatte, und setzte sich zu seinen Füßen nieder. Der Herr Eifersüchtige hatte etliche Steinchen in den Mund genommen, die ihm das Reden etwas erschweren sollten, damit er nicht daran von seiner Frau erkannt werde; ansonsten glaubte er so gut vermummt zu sein, daß er es schlechterdings für unmöglich hielt, von ihr erkannt zu werden. Als es nun zur Beichte kam, sagte ihm die Dame, nachdem sie ihm vorerst gesagt hatte, daß sie verheiratet sei, unter andern Dingen, daß sie in einen Geistlichen verliebt sei, der allnächtlich komme, um bei ihr zu liegen. Als das der Eifersüchtige hörte, war es ihm, als ob ihm ein Messer durchs Herz gefahren wäre; und wenn ihn nicht der Wunsch, noch mehr zu erfahren, zurückgehalten hätte, so hätte er die Beichte Beichte sein lassen und wäre weggelaufen. So aber behielt er seine Fassung und fragte die Dame: »Ja, wieso denn? Liegt denn nicht Euer Mann bei Euch?« Die Dame antwortete: »Freilich, Herr.« – »Nun also«, sagte der Eifersüchtige, »wie kann denn dann auch der Geistliche bei Euch liegen?« – »Herr«, sagte die Dame, »ich weiß nicht, was er für einen Zauber anwendet, aber im Hause ist keine Tür so fest verschlossen, daß sie sich nicht öffnete, wenn er sie berührt; und er sagt mir, daß er, wann er zu der Tür meiner Kammer kommt, noch bevor er sie öffnet, gewisse Worte sagt, durch deren Kraft mein Mann auf der Stelle einschläft, und wann er merkt, daß er eingeschlafen ist, dann öffnet er die Tür und kommt herein und bleibt bei mir, und das schlägt nie fehl.« Nun sagte der Eifersüchtige: »Madonna, das ist übel getan, und davon müßt Ihr gänzlich abstehn.« Aber die Dame sagte zu ihm: »Ich glaube nicht, Herr, daß ich das je tun könnte; dazu liebe ich ihn zu sehr.« – »Also«, sagte der Eifersüchtige, »kann ich Euch nicht lossprechen.« Und die Dame sagt zu ihm: »Das tut mir sehr leid: ich bin ja nicht hergekommen, um Euch Lügen zu sagen; wenn ich es tun zu können glaubte, würde ich es Euch sagen.« Nun sagte der Eifersüchtige: »Wahrlich, Madonna, Ihr dauert mich, weil ich Euch auf diese Weise Euere Seele verderben sehe; aber ich will Euch zuliebe die Mühe auf mich nehmen, meine besonderen Gebete in Euerm Namen an Gott zu richten, und das wird Euch vielleicht helfen: und ich werde Euch dann und wann meinen Meßhelfer schicken, damit Ihr ihm saget, ob sie Euch geholfen haben oder nicht; und helfen sie Euch, so wollen wir einen Schritt weitergehn.« Aber die Dame sagte zu ihm: »Das tut nicht, Herr, daß Ihr mir jemand ins Haus schickt; denn wenn es mein Mann erführe, so würde er sich, eifersüchtig, wie er ist, nicht um die Welt ausreden lassen, daß der mit seinem Kommen keinen andern als einen schlechten Zweck verfolge, und ich hätte das ganze Jahr keine gute Stunde mit ihm.« Und der Eifersüchtige sagte: »Madonna, deswegen macht Euch keine Sorgen; ich werde es sicherlich derart anstellen, daß Ihr kein Wörtlein von ihm hören sollt.« Nun sagte die Dame: »Wenn Ihr Euch das zutraut, ich bin es zufrieden.« Und nachdem sie ihre Beichte abgelegt und eine Buße erhalten hatte, erhob sie sich und ging die Messe hören. Schnaubend vor Wut über sein Mißgeschick ging der Eifersüchtige die geistlichen Kleider ablegen und machte sich auf den Heimweg, voll Verlangen, ein Mittel zu finden, wie er den Geistlichen und seine Frau beisammen finden könnte, um ihnen beiden übel mitzuspielen. Die Dame kam von der Kirche nach Hause und sah es ihrem Manne am Gesichte an, daß sie ihm einen schlimmen Christtag bereitet hatte; er aber trachtete, sich nach Möglichkeit nichts von dem anmerken zu lassen, was er getan hatte und was er zu wissen glaubte. Und da er bei sich beschlossen hatte, sich die nächste Nacht an die Haustür zu stellen und auf den Geistlichen zu warten, sagte er zu der Dame: »Ich muß heute anderswo zu Nacht essen und schlafen, und darum schließe die Haustür gut zu und auch die auf der halben Stiege und die Kammertür und geh zu Bette, wann es dir an der Zeit scheint.« Die Dame antwortete: »Das soll geschehn.« Und als sie die Gelegenheit dazu hatte, ging sie zu dem Loche und gab das gewohnte Zeichen, und kaum hatte es Filippo gehört, so kam er auch schon hin. Nun sagte ihm die Dame, was sie diesen Morgen getan hatte und was ihr Gatte nach dem Essen gesagt hatte, und dann sagte sie: »Ich bin gewiß, daß er das Haus nicht verlassen, sondern sich bei der Tür auf die Lauer legen wird; und darum sieh zu, daß du heute nacht übers Dach herüberkommst, damit wir beieinander sein können.« Ganz glücklich darüber sagte der junge Mann: »Madonna, laßt mich nur machen.« Als die Nacht gekommen war, verbarg sich der Eifersüchtige leise mit seinen Waffen in einer Kammer zu ebener Erde, und die Dame ließ alle Türen schließen, besonders sorgfältig aber die auf der halben Treppe, damit der Eifersüchtige nicht heraufkommen könne;

dann kam der Jüngling gar vorsichtig herüber, und sie gingen zu Bette, um ihre Lust aneinander zu haben und sich's gut geschehn zu lassen, und als es Tag geworden war, kehrte der Jüngling in sein Haus zurück. Der Eifersüchtige aber hatte, bekümmert und ohne Abendessen und vor Kälte halbtot, schier die ganze Nacht mit seinen Waffen an der Tür gewartet, ob der Geistliche kommen werde; und bei Tagesanbruch hatte er sich, außerstande, noch länger wach zu bleiben, in der Kammer zu ebener Erde schlafen gelegt. Gegen die dritte Morgenstunde, wo die Haustür schon offen war, erhob er sich, ging, als ob er von anderswo herkäme, hinauf ins Haus und frühstückte. Und bald darauf schickte er einen Knaben zu ihr, der den Meßhelfer des Priesters, dem sie gebeichtet hatte, vorstellen sollte, und ließ sie fragen, ob der Bewußte wiedergekommen sei. Die Dame, die den Boten gut erkannte, antwortete, diese Nacht sei er nicht gekommen, und wenn er so tue, so werde sie ihn vergessen können, obwohl es ihr gar nicht lieb wäre, wenn sie ihn vergäße. Was soll ich euch noch weiter sagen? Viele Nächte lang stand der Eifersüchtige an der Eingangstür, um den Geistlichen zu erwischen, und stets ließ sich die Dame mit ihrem Liebsten gut geschehn. Endlich konnte es aber der Eifersüchtige nicht mehr aushalten und fragte seine Frau mit zornigem Gesichte, was sie dem Geistlichen an dem Morgen, wo sie gebeichtet hatte, gesagt habe. Die Dame antwortete, das wolle sie ihm nicht sagen, weil es nicht ehrbar und nicht ziemlich sei. Und der Eifersüchtige sagte zu ihr: »Du schändliches Weib, dir zum Trotze weiß ich, was du ihm gesagt hast; und ich muß es durchaus wissen, wer der Geistliche ist, in den du so verliebt bist und der durch seine Zaubersprüchlein allnächtlich bei dir liegt, oder ich schneide dir den Hals ab.« Die Frau sagte, es sei nicht wahr, daß sie in einen Geistlichen verliebt sei. »Was?« sagte der Eifersüchtige; »hast du nicht dem Geistlichen, der dir die Beichte gehört hat, das und das gesagt?« Die Dame antwortete: »Das hat er dir ja so haarklein erzählt, daß du es nicht besser wissen könntest, wenn du dabeigewesen wärest; ja denn, ich habe es ihm gesagt.« – »Also«, sagte der Eifersüchtige, »so sag mir, wer der Geistliche ist, und das augenblicklich.« Die Dame begann zu lächeln und sagte: »Es tut mir im Herzen wohl, wenn ein gescheiter Mann von einer einfältigen Frau an der Nase herumgeführt wird wie ein Schafbock bei den Hörnern: schade nur, daß du nicht gescheit bist und es von der Stunde an nicht warst, wo du den verdammten Geist der Eifersucht hast in dein Herz dringen lassen, ohne zu wissen warum; denn je törichter und dümmer du bist, desto weniger Ehre habe ich davon. Glaubst du denn, Mann, daß meine leiblichen Augen so blind seien wie deine geistigen? Wahrhaftig, dem ist nicht so: schon beim Ansehn habe ich erkannt, wer der Geistliche war, der mir die Beichte gehört hat, und ich weiß, daß du es gewesen bist; aber ich habe mir vorgenommen gehabt, dir das zu geben, was du suchen gegangen bist, und das habe ich dir gegeben. Wärest du aber so gescheit gewesen, wie du zu sein glaubst, so hättest du es nicht auf diese Weise versucht, die Heimlichkeiten deiner guten Frau zu erfahren, und hättest, ohne einen eiteln Argwohn zu schöpfen, eingesehn, daß das, was sie dir gebeichtet hat, wirklich wahr ist, ohne daß sie irgendwie gesündigt hätte. Ich habe dir gesagt, ich liebte einen Geistlichen; und bist du denn nicht, den ich zu großem Unrecht liebe, damals ein Geistlicher gewesen? Ich habe dir gesagt, daß keine Tür meines Hauses vor ihm verschlossen bleiben könne, wenn er bei mir liegen wolle; und welche Türe wäre dir denn je versperrt gewesen, wenn du zu mir hast kommen wollen? Ich habe dir gesagt, daß der Geistliche allnächtlich bei mir liege; und wann hättest du nicht bei mir gelegen? Und sooft du deinen Meßhelfer zu mir geschickt hast, weißt du, daß ich dir jedesmal, wo du nicht bei mir gewesen bist, habe sagen lassen, der Geistliche sei nicht bei mir gewesen. Wer wäre denn außer dir, der du dich von deiner Eifersucht verblenden ließest, so übel beraten gewesen, daß er das nicht verstanden hätte? Und du bist zu Hause geblieben, um in der Nacht an der Tür Wache zu halten, und mir glaubtest du weisgemacht zu haben, du seist anderswohin essen und schlafen gegangen. Komme doch wieder zur Besinnung und werde doch wieder der Mann, der du früher gewesen bist, und mach dich nicht zum Gespött für jeden, der dein Wesen so kennt, wie ich es kenne, und gib die feierliche Bewachung auf, die du jetzt durchführst; denn ich schwöre dir bei Gott, wenn mich die Lust anwandelte, dir Hörner aufzusetzen, ich hätte, und hättest du hundert Augen statt deiner zwei, das Herz dazu, meinen Wünschen Genüge zu tun, ohne daß du es merktest.« Der elende Eifersüchtige, der gemeint hatte, er habe die Heimlichkeit seiner Frau recht schlau herausbekommen, sah nun, als er dies hörte, ein, daß er zum Narren gehalten worden war; und ohne etwas zu erwidern, gestand er sich, daß seine Frau gut und klug war. Und so ließ er seine Eifersucht jetzt, wo sie am Platze gewesen wäre, fahren, so wie er sie sich früher, wo sie nicht am Platze gewesen war, zugelegt hatte. Da also die kluge Dame nunmehr fast völlige Freiheit hatte, nach ihrem Belieben zu tun, brauchte sie ihren Geliebten nicht mehr übers Dach kommen zu lassen, sondern konnte ihn durch die Tür einlassen, und sie verschaffte sich mit ihm, indem sie vorsichtig zu Werke ging, noch zu often Malen frohe Stunden und ein wonniges Leben.

Der genarrte Ehemann

Lydia, die Gattin von Nicostratus, liebt Pyrrhus, der von ihr, um ihr glauben zu können, drei Dinge heischt; sie verrichtet alle drei und ergötzt sich noch überdies mit ihm in der Gegenwart von Nicostratus und macht diesem weis, was er gesehn habe, sei nicht wahr.

Die Geschichte Neifiles hatte so gefallen, daß die Damen schier nicht aufhören konnten, darüber zu lachen und zu sprechen, obwohl ihnen der König mehrere Male Stillschweigen auferlegt und Panfilo befohlen hatte, die seinige zu erzählen. Als sie aber endlich schwiegen, begann Panfilo also: Ich glaube nicht, verehrte Damen, daß es irgend etwas gibt, und sei es noch so schwierig und bedenklich, daß sich nicht der, der glühend liebt, unterfinge, es auszuführen. Obwohl das nun schon in vielen Geschichten dargetan worden ist, glaube ich es nichtsdestoweniger noch deutlicher durch eine, die ich erzählen will, beweisen zu können: darin werdet ihr von einer Dame hören, die die bei dem, was sie tat, mehr vom Glücke begünstigt worden ist, als daß sie ihr Verstand wohl beraten hätte; und darum würde ich keiner raten, es zu wagen und in ihre Fußtapfen zu treten, einmal, weil das Glück nicht immer bereitwillig ist, und dann, weil nicht alle Männer auf der Welt ebenso verblendet sind.

In Argos, der alten Stadt in Achaia, die mehr durch die Könige, die sie in vergangenen Zeiten beherrscht haben, berühmt ist, als daß sie groß wäre, war einmal ein adeliger Mann, Nicostratus mit Namen, dem das Glück, als er schon an der Schwelle des Greisenalters stand, eine vornehme Dame zur Gattin bescherte, die nicht minder herzhaft als schön war und Lydia hieß. Als reicher Edelmann hielt er ein zahlreiches Gesinde und Hunde und Beizvögel und fand ein gar großes Vergnügen an der Jagd; und unter seinen Dienern hatte er einen anmutigen, schmucken und schön gewachsenen Jüngling, der sich zu allem schickte, was er tun sollte, und der hieß Pyrrhus, und kein anderer Diener genoß von Nicostratus so viel Liebe und Vertrauen wie er. In diesen Pyrrhus verliebte sich Lydia so heftig, daß sie weder bei Tag noch bei Nacht an etwas anderes denken konnte: er aber schien sich, sei es, daß er nichts bemerkt hatte, oder weil er nichts bemerken wollte, nicht darum zu kümmern, worüber denn die Dame ein unerträgliches Herzeleid fühlte; weil sie aber durchaus entschlossen war, ihn das wissen zu lassen, rief sie eine ihrer Kammerfrauen, Lusca mit Namen, der sie besonders vertraute, und sprach also zu ihr: »Die Wohltaten, Lusca, die du von mir empfangen hast, verbinden dich zu Gehorsam und Treue, und darum hüte dich, von dem, was ich dir jetzt sagen werde, vor irgend jemand sonst etwas verlauten zu lassen als vor dem, den ich dir angeben werde. Wie du siehst, Lusca, bin ich eine junge, frische Frau und habe alles, was eine Frau nur begehren kann, in Hülle und Fülle; kurzum, ich kann mich, eines ausgenommen, nicht beklagen, und dieses eine ist das, daß der Jahre meines Mannes allzu viele sind im Vergleiche zu meinen, weswegen ich in dem, woran die jungen Frauen ihr Hauptvergnügen finden, wenig befriedigt werde: da ich es aber ebenso begehre wie die andern, habe ich mir seit geraumer Zeit vorgenommen, wenn mir schon das Glück nicht gar freundlich gewesen ist, daß es mir einen so alten Mann gegeben hat, wenigstens nicht so sehr meine eigene Feindin sein zu wollen, daß ich kein Mittel zu finden wüßte, um mir meine Lust und mein Heil zu verschaffen;

und um diese Wünsche in demselben Maße wie die andern erfüllt zu sehn, habe ich den Entschluß gefaßt, daß ihnen unser Pyrrhus als der würdigste von allen durch seine Umarmungen abhelfen soll, und habe ihm meine Liebe so sehr zugewandt, daß ich mich nicht mehr wohl fühle, wenn ich ihn nicht sehe oder an ihn denke: und wenn ich nicht ohne Säumnis mit ihm beisammen sein kann, so glaube ich wahrlich, daß ich sterben werde. Wenn dir darum etwas an meinem Leben liegt, so mache ihm auf die Weise, die du für die beste hältst, meine Liebe kund und bitte ihn in meinem Namen, daß es ihm gefallen möge, zu mir zu kommen, wann du um ihn gehn wirst.« Die Kammerfrau sagte, das werde sie gerne tun; und als ihr zum ersten Male Zeit und Gelegenheit paßten, nahm sie Pyrrhus beiseite und richtete ihm die Botschaft ihrer Herrin so gut, wie es ihr nur möglich war, aus. Als das Pyrrhus hörte, verwunderte er sich baß, weil er nie etwas bemerkt hatte, und hegte Argwohn, ob ihm das die Dame nicht sagen lasse, um ihn zu versuchen; darum antwortete er augenblicklich in barscher Weise: »Ich kann nicht glauben, Lusca, daß diese Worte von meiner Herrin kämen, und darum sieh dich vor, was du sagst; und kommen sie wirklich von ihr, so glaube ich nicht, daß sie sie ernst meine, wenn sie dich das sagen läßt, und meint sie sie wirklich ernst, so erweist mir mein Herr mehr Ehre, als ich verdiente: nicht um mein Leben würde ich ihm eine solche Schmach antun; und darum sieh dich vor, daß du nie mehr von derlei Dingen zu mir sprichst.« Lusca ließ sich durch seine strengen Worte nicht abschrecken, sondern sagte zu ihm: »Sowohl von diesen Dingen, Pyrrhus, als auch von allem andern, was mir meine Herrin je auftragen wird, werde ich so oft zu dir sprechen, wie sie mir befehlen wird, ob dir das nun lieb oder leid sein wird; aber du bist ein Esel.« Und etwas aufgebracht kehrte sie mit dieser Antwort zu der Dame zurück, und die hatte, als sie sie hörte, nur den Wunsch zu sterben; aber nach etlichen Tagen sprach sie wieder mit der Kammerfrau und sagte zu ihr: »Du weißt, Lusca, kein Baum fällt auf den ersten Streich: darum meine ich, du gehst noch einmal zu ihm, der zu meinem Schaden auf ganz unerhörte Art Treue üben will; du wirst eine schickliche Gelegenheit ergreifen und ihm meine ganze Glut offenbaren, und trachte, es durchaus dazu zu bringen, daß aus der Sache etwas wird: denn wollte ich jetzt von meinem Vorhaben abstehn, so würde ich sterben müssen, und er würde glauben, er sei zum besten gehalten worden; und wo wir uns um seine Liebe bemühn, würde sein Haß das Ende sein.« Die Kammerfrau tröstete die Dame und suchte Pyrrhus auf; sie fand ihn heiter und gut aufgelegt und sagte zu ihm: »Vor ein paar Tagen, Pyrrhus, habe ich dir zu wissen gemacht, in was für einem Feuer sich deine und meine Herrin um der Liebe willen verzehrt, die sie zu dir trägt, und heute wiederhole ich dir's noch einmal, damit du, wenn du auf der Härte, die du letzthin dargetan hast, bestehst, sicher sein kannst, daß sie nicht lange mehr leben wird: darum bitte ich dich, gib dich doch darein, ihre Sehnsucht zu stillen; und beharrst du trotzdem bei deinem Starrsinn, so werde ich dich, den ich bis jetzt für einen sehr gescheiten Menschen gehalten habe, für einen Dummkopf halten. Was für eine Ehre müßte es für dich sein, daß dich eine solche Dame, so schön und so vornehm, über alles liebt? Und dann, wie müßtest du dich dem Glücke verpflichtet fühlen, wenn du bedenkst, daß es dir eine Gabe zugedacht hat, die nicht nur den Wünschen deiner Jugend entspricht, sondern auch für dich eine Zuflucht bedeutet bei allem, was du brauchst? Wen kennst du denn deinesgleichen, der es auf eine so vergnügliche Art besser hätte, als du es haben könntest, wenn du gescheit wärest? Wen wirst du denn finden, der, was Waffen, Pferde, Kleider und Geld betrifft, so gut daran wäre, wie du es sein könntest, wenn du ihr deine Liebe gewähren wolltest? Öffne also dein Herz meinen Worten und komme wieder zu dir: erinnere dich, daß das Glück dem Menschen nur ein einziges Mal und nicht öfter mit heiterm Antlitz und offenem Schoße entgegentritt; wer es da nicht zu empfangen weiß, hat sich später, wenn er sich arm und als Bettler findet, nur über sich und nicht über das Glück zu beklagen. Und überdies gilt es zwischen Dienern und Herren nicht dieselbe Treue zu üben, wie sie unter Freunden und unter Verwandten am Platze ist, vielmehr sollen die Diener dort, wo sie es können, ihre Herren ebenso behandeln, wie sie von ihnen behandelt werden. Denkst du, daß dir Nicostratus, wenn du eine schöne Frau oder Mutter oder Tochter oder Schwester hättest, die ihm gefiele, dieselbe Treue halten würde, die du ihm an seiner Frau bewähren willst? Ein Narr bist du, wenn du das glaubst: du kannst sicher sein, daß er, wenn er durch Schmeicheleien und Bitten nichts ausrichten konnte, Gewalt gegen sie anwenden würde, was immer du dazu sagtest. Behandeln wir sie und das Ihrige also, wie sie uns und das Unsrige behandeln. Brauche die Gabe des Glücks: stoß es nicht weg von dir, geh ihm entgegen und nimm es auf, wenn es zu dir kommt; denn wahrlich, tust du das nicht, so wird es dich, abgesehn davon, daß daraus unfehlbar der Tod deiner Herrin erfolgen würde, noch so reuen, daß du dir selber den Tod wünschen wirst.« Pyrrhus, der mehrmals über die frühern Worte Luscas nachgedacht hatte, war zu dem Entschlusse gekommen, ihr, wenn sie wieder zu ihm kommen werde, eine andere Antwort zu geben und sich willig in die Wünsche der Dame zu schicken, wenn ihm die beweisen könne, daß es sich ihr nicht darum handle, ihn in Versuchung zu führen; und darum antwortete er ihr: »Schau, Lusca, ich erkenne ja an, daß das, was du mir sagst, wahr ist; aber ich kenne auch wieder meinen Herrn als einen gar klugen und umsichtigen Mann, und weil er alle seine Geschäfte in meine Hand legt, so fürchte ich sehr, daß das Lydia auf seinen Rat oder Wunsch tue, um mich zu versuchen: will sie darum, um mir darin Klarheit zu schaffen, drei Dinge tun, die ich verlangen werde, so wird sie mir wahrhaftig nie mehr etwas befehlen, was ich nicht auf der Stelle täte. Und die drei Dinge, die ich will, sind die: erstens, daß sie in Gegenwart von Nicostratus seinen besten Sperber tötet, dann, daß sie mir ein Büschel Haare aus dem Bart von Nicostratus schickt, und schließlich will ich noch einen Zahn von ihm, einen von seinen besten.« Diese Dinge schienen der Kammerfrau hart und der Dame noch härter; aber Amor, der der beste Tröster und der trefflichste Berater ist, gab Lydia den Entschluß ein, alles zu tun, und sie ließ Pyrrhus durch Lydia sagen, daß sie das, was er verlangt habe, treulich tun werde, und bald; überdies werde sie sich, weil er Nicostratus für gar so klug halte, in dessen Gegenwart mit ihm ergötzen und Nicostratus weismachen, daß es nicht wahr sei. Pyrrhus begann also zu warten, was die Dame tun werde. Als Nicostratus wenige Tage darauf, wie er öfter zu tun pflegte, einigen Edelleuten ein großes Essen gab, verließ die Dame, nachdem die Tische weggenommen worden waren, in grünen Samt gekleidet und reich geschmückt, ihr Gemach, trat in den Saal, wo die Gäste waren, und ging, so daß es Pyrrhus und alle andern sahen, zu der Stange, auf der der Sperber saß, den Nicostratus also wert hielt, machte ihn los, als ob sie ihn hätte auf ihre Hand heben wollen, packte ihn bei den Würfeln und schlug ihn an die Wand und tötete ihn. Und als ihr Nicostratus zurief: »O weh, Frau, was hast du da getan?« antwortete sie ihm: »Nichts!« Dann wandte sie sich zu den Edelleuten, die mit ihm gespeist hatten, und sagte: »Wie sähe wohl, meine Herren, die Rache aus, die ich an einem Könige nähme, der mich beleidigt hätte, wenn ich nicht so viel Herz hätte, sie an einem Sperber zu nehmen? Ihr müßt wissen, daß mich dieser Vogel seit langem um all die Zeit gebracht hat, die die Männer der Freude ihrer Frauen widmen sollten; denn kaum ist das Morgenrot am Himmel, so steht Nicostratus auf, steigt zu Pferde und reitet mit dem Sperber ins Gefild hinaus, um ihn fliegen zu sehn, und ich, wie ihr mich hier seht, darf mißvergnügt allein im Bette bleiben: darum habe ich schon oft die Absicht gehabt, zu tun, was ich getan habe, und ich habe es aus keinem andern Grunde aufgeschoben, als um es in Gegenwart von Männern zu tun, die mir in meiner Beschwerde gerechte Richter sein würden, wie ich von euch erhoffe.« Die Edelleute, die das hörten, glaubten, ihre Neigung zu Nicostratus sei nicht anders beschaffen, als ihre Worte lauteten, wandten sich daher allesamt lachend zu Nicostratus, der arg erbost war, und sagten: »Ganz recht hat die Dame getan, ihre Unbill durch den Tod des Sperbers zu rächen!« Und mit verschiedenen kurzweiligen Reden, die sie, als die Edeldame schon wieder in ihr Gemach zurückgekehrt war, über den Vorfall führten, verwandelten sie den Ärger ihres Gatten in Lachen. Pyrrhus aber hatte, als er das gesehn hatte, bei sich selber gesagt: ›Einen hohen Anfang hat die Dame meine glückselige Liebe nehmen lassen: Gott gebe, daß sie so verharre.‹ Nachdem also Lydia den Sperber getötet hatte, waren nicht viele Tage verstrichen, als sie Nicostratus, mit dem sie in ihrem Gemache beisammen war, unter Liebkosungen zu necken anfing; und als er sie im Scherze ein wenig an den Haaren zog, nahm sie die Gelegenheit war, um das zweite, was Pyrrhus von ihr verlangt hatte, auszuführen; geschwind faßte sie ein Löckchen seines Bartes und riß lächelnd so fest daran, daß sie es ihm völlig aus dem Kinn raufte. Da Nicostratus darüber unwillig ward, sagte sie: »Was hast du denn, daß du so ein Gesicht machst? Weil ich dir etwa sechs Haare aus dem Barte gezogen habe? Dir hat das nicht so weh getan wie eben erst mir, als du mich an den Haaren gezogen hast.« Ein Wort gab das andere bei dieser Unterhaltung, aber die Dame verlor kein Auge von dem Haarbüschel, das sie ihm ausgerissen hatte; und noch an demselben Tage schickte sie es ihrem teuern Geliebten. Das dritte gab der Dame mehr zu denken: aber bei ihrem scharfen Geiste, den Amor noch mehr schärfte, hatte sie bald einen Weg gefunden, den sie einschlagen wollte, um auch das zu vollbringen. Nicostratus hatte in seinem Hause zwei Knaben, die ihm von ihren Vätern übergeben worden waren, damit sie, weil sie edler Abkunft waren, adeliges Wesen lernten, und der eine schnitt vor, wenn Nicostratus aß, und der andere machte den Mundschenken; die beiden ließ sie rufen, redete ihnen ein, daß sie aus dem Munde röchen, und unterwies sie, wenn sie Nicostratus bedienten, den Kopf möglichst zurückzuhalten, aber davon niemand etwas zu sagen. Die Knaben, die ihr glaubten, begannen die Weise einzuhalten, die sie ihnen angegeben hatte. Darum fragte die Dame eines Tages Nicostratus: »Ist dir nicht aufgefallen, wie die Knaben tun, wenn sie dich bedienen?« Nicostratus sagte: »Freilich; ich habe sie schon fragen wollen, warum sie so tun.« Und die Dame sagte zu ihm: »Tu das nicht, ich kann es dir selber sagen und habe es dir die ganze Zeit her nur deswegen nicht gesagt, um dich nicht zu ärgern; jetzt aber sehe ich, daß es auch andere zu merken anfangen, und darum darf ich es dir nicht länger mehr verheimlichen. Das geschieht dir wegen nichts anderm, als weil du stark aus dem Munde riechst, und ich verstehe den Grund davon nicht, weil es doch sonst nicht so zu sein pflegte; und das ist etwas gar Widerwärtiges, wo du mit Edelleuten zu verkehren hast, und darum heißt es zusehn, wie ihm abzuhelfen ist.« Nun sagte Nicostratus: »Woher könnte das kommen? Sollte ich einen schlechten Zahn haben?« Und Lydia sagte zu ihm: »Vielleicht ist es so.« Und sie führte ihn zum Fenster, ließ ihn den Mund öffnen und sagte, nachdem sie auf der einen Seite und auf der andern nachgesehn hatte: »Aber Nicostratus, wie hast du das so lange aushalten können? Auf der Seite hast du einen, der ist, soviel ich sehn kann, nicht nur schadhaft, sondern ganz und gar verfault, und wenn du ihn noch länger im Munde behältst, so wird er dir auch die daneben verderben; darum möchte ich dir raten, tu ihn heraus, bevor es ärger wird.« Nun sagte Nicostratus: »Da du so meinst, ist es auch mir recht; schicke unverzüglich um einen Meister, der mir ihn ausbreche.« Und die Dame sagte zu ihm: »Gott bewahre, daß deshalb ein Meister kommen sollte; mich dünkt, er steht so, daß ich ihn dir selber ohne Meister ganz leicht ausbrechen werde. Dann gehn auch diese Meister dabei so roh um, daß ich's nicht übers Herz brächte, dich in den Händen eines von ihnen zu sehn oder zu wissen: ich will's also auf jeden Fall selber tun; ich werde wenigstens, wenn es dir zu weh tun sollte, augenblicklich aufhören, was der Meister nicht täte.« Sie ließ also die nötigen Werkzeuge bringen und schickte alle, Lusca ausgenommen, die sie bei sich behielt, aus dem Gemache; dann schlossen sie es ab und hießen Nicostratus, sich auf einer Bank auszustrecken, und nun fuhr ihm die eine, während ihn die andere festhielt, mit der Zange in den Mund, faßte einen von seinen Zähnen und riß ihm ihn, obwohl er vor Schmerz laut schrie, mit einem kräftigen Ruck heraus; den versteckten sie rasch und nahmen einen andern, einen garstig angefaulten, den Lydia in Bereitschaft gehalten hatte, und zeigten ihn dem gepeinigten und halbtoten Manne, wobei Lydia sagte: »Da schau, was du so lange in deinem Munde gehabt hast.« Er glaubte es und hielt sich nun, wo der Zahn draußen war, trotz dem wütenden Schmerze, den er ausgestanden hatte, und trotz seinem Jammern für geheilt; und nachdem er mit allerhand Tränklein gelabt worden war, ging er, als der Schmerz etwas nachgelassen hatte, aus dem Gemache. Die Dame nahm den Zahn und schickte ihn alsbald ihrem Geliebten, und der erklärte sich, nunmehr von ihrer Liebe überzeugt, für bereit, jedem ihrer Wünsche nachzukommen. Obwohl der Dame bis zu ihrer Vereinigung mit ihm jede Stunde so lang wie tausend vorkam, verlangte sie doch danach, ihm noch eine größere Sicherheit zu geben, und wollte ihm auch das noch halten, was sie versprochen hatte; darum stellte sie sich krank, und als sie eines Tages nach dem Essen von Nicostratus besucht wurde und niemand sonst bei ihm sah als Pyrrhus, so bat sie ihren Mann, er möge ihr mit Pyrrhus helfen, zur Linderung ihres Leidens in den Garten zu gehn. Daher faßte sie Nicostratus an der einen Seite und Pyrrhus an der andern und trugen sie so in den Garten und setzten sie auf einem Rasenfleckchen am Fuße eines hübschen Birnbaums nieder. Nachdem sie dort ein Weilchen gesessen hatten, sagte die Dame zu Pyrrhus, den sie schon früher unterwiesen hatte, was er zu tun habe: »Pyrrhus, ich habe ein großes Verlangen nach ein paar von diesen Birnen; steig also hinauf und wirf etliche herunter.« Pyrrhus stieg sofort auf den Baum und begann Birnen herabzuwerfen; und unter dem Werfen begann er folgendermaßen: »Aber Herr, was treibt Ihr denn? Und Ihr, Herrin, schämt Ihr euch nicht, so etwas in meiner Gegenwart zu leiden? Glaubt Ihr, ich sei blind? Eben noch waret Ihr so schwer krank: wie seid Ihr denn so rasch genesen, daß Ihr derlei Sachen macht? Und wenn Ihr sie schon machen wollt, so habt Ihr doch so viele schöne Gemächer; warum geht Ihr denn nicht ins Haus? Das wäre viel anständiger, als es so in meiner Gegenwart zu machen.« Die Dame wandte sich zu ihrem Gatten und sagte: »Was sagt Pyrrhus? redet er irre?« Nun sagte Pyrrhus: »Ich rede nicht irre, nein; glaubt Ihr denn, ich sähe es nicht?« Nicostratus war baß erstaunt und sagte: »Pyrrhus, ich glaube wahrlich, du träumst.« Und Pyrrhus antwortete ihm: »Herr, ich träume auch nicht ein bißchen, Ihr träumt ja auch nicht: vielmehr rührt Ihr Euch so weidlich, daß, wenn sich der Birnbaum ebenso rührte, nicht eine einzige Birne oben bliebe.« Nun sagte die Dame: »Was mag das sein? Könnte es wirklich so sein, daß er das wirklich zu sehn glaubt, was er sagt? So wahr mir Gott helfe, wäre ich so gesund, wie ich einmal war, ich stiege hinauf, um zu sehn, was das für Wunder sind, die er sehn will.« Pyrrhus auf dem Birnbaume ließ nicht ab von seinen Reden; endlich sagte Nicostratus zu ihm: »Steig herunter«, und das tat er. Nun sagte Nicostratus: »Was sagst du also, das du gesehn hast?« Pyrrhus sagte: »Ich glaube, Ihr haltet dafür, ich sei närrisch oder redete im Schlafe: ich habe Euch, wenn ich es denn sagen muß, auf Eurer Frau gesehn; und als ich dann heruntergestiegen bin, habe ich gesehn, wie Ihr Euch erhoben und Euch dorthin gesetzt habt, wo Ihr jetzt seid.« – »Wahrhaftig«, sagte Nicostratus, »du bist nicht recht gescheit; denn seitdem du auf den Baum gestiegen bist, haben wir uns in keiner Weise gerührt außer so, wie du siehst.« Und Pyrrhus sagte zu ihm: »Warum streiten wir darüber? Ich habe Euch gesehn, und habe ich Euch gesehn, so habe ich Euch auf dem Eurigen gesehn.« Nicostratus wunderte sich immer mehr, bis er endlich sagte: »Ich will doch sehn, ob der Baum verzaubert ist und ob wirklich, wer oben ist, diese Wunder sieht«; und er stieg hinauf. Als er oben war, begannen sich die Dame und Pyrrhus miteinander zu ergötzen; als das Nicostratus sah, begann er zu schreien: »O du schlechtes Weib, was tust du denn? Und du, Pyrrhus, auf den ich so viel vertraut habe!« Und mit diesen Worten begann er vom Baume herunterzusteigen. Die Dame und Pyrrhus sagten: »Wir sitzen hier«; und als sie ihn heruntersteigen sahen, setzten sie sich wieder so hin, wie er sie verlassen hatte. Kaum war Nicostratus herunten, so begann er ihnen, die dort saßen, wo er sie verlassen hatte, Beschimpfungen zu sagen. Aber Pyrrhus sagte zu ihm: »Nicostratus, nun gestehe ich es in Wahrheit, daß ich, wie Ihr vorhin gesagt habt, falsch gesehn habe, solange ich auf dem Baume war, und das erkenne ich aus nichts anderm, als weil ich sehe und weiß, daß auch Ihr falsch gesehn habt. Und daß ich die Wahrheit sage, dafür braucht Ihr keinen andern Beweis, als daß Ihr berücksichtigt und bedenkt, ob sich Eure Frau, die doch weit ehrbarer und klüger ist als jegliche andere, wenn sie Euch eine solche Schande antun wollte, dazu hergeben würde, es vor Euern Augen zu tun; von mir will ich nicht erst sprechen, der ich mich lieber vierteilen ließe, als daß ich nur daran dächte, geschweige denn wirklich daran ginge, so etwas in Eurer Gegenwart zu tun. Die Ursache dieser Gesichtstäuschung muß wahrhaftig in dem Baume liegen; denn daß Ihr hier fleischlich bei Eurer Frau gelegen hättet, das hätte ich mir von der ganzen Welt nicht ausreden lassen, wenn ich nicht Euch hätte sagen hören, es habe Euch geschienen, daß ich etwas getan hätte, woran ich, das weiß ich sicherlich, nie gedacht habe, geschweige denn, daß ich es jemals getan hätte.« Nun stand die Dame, die ganz verstört tat, auf und begann: »Daß dich Gott strafe, wenn du mir so wenig Verstand zutraust, daß ich, wenn ich schon derlei liederliche Streiche im Sinne hätte, wie du sagst, daß du sie gesehn habest, nichts Besseres wüßte, als sie vor deinen Augen zu verüben. Darüber kannst du ruhig sein: wenn mich die Lust danach ankäme, hierher käme ich nicht, sondern ich hielte dafür, es würde mir schon in einem von unsern Gemächern auf eine Art und Weise gelingen, daß es mich wundernehmen sollte, wenn du es je erführest.« Nicostratus, dem das richtig zu sein schien, was eins wie das andere gesagt hatte, nämlich daß sie sich hier vor ihm niemals einer solchen Handlung unterstanden hätten, ließ von seinen Reden und Vorwürfen ab und begann von der Seltsamkeit des Ereignisses zu sprechen und von dem Wunder, daß sich dem, der auf den Baum steige, das Gesicht verkehre. Aber die Dame, die sich über die Meinung, die Nicostratus von ihr gezeigt hatte, aufgebracht stellte, sagte: »Wahrlich, wenn es auf mich ankommt, so soll dieser Baum keiner Frau mehr, weder mir noch einer andern, so eine Schande antun; lauf also, Pyrrhus, und bring ein Beil und räche zugleich dich und mich, indem du ihn umhaust, obwohl es viel besser wäre, das Beil Nicostratus vor den Kopf zu schlagen, weil er sich ohne jegliche Überlegung so rasch hat die Augen des Geistes verblenden lassen: denn wäre auch das, was du sagst, denen, die du im Kopfe hast, so vorgekommen, so hättest du doch nie und nimmer mit dem Urteile deines Verstandes nachfolgen oder es als tatsächlich annehmen dürfen.« Pyrrhus ging augenblicklich um das Beil und hieb den Birnbaum um; und als ihn die Dame liegen sah, sagte sie zu Nicostratus: »Jetzt, wo ich den Widersacher meiner Ehrbarkeit gefällt sehe, ist auch mein Zorn verschwunden«; und da Nicostratus sie um Verzeihung bat, gewährte sie sie ihm gütig, indem sie ihn ermahnte, er solle es sich nie wieder beikommen lassen, ihr, die ihn mehr als sich selbst liebe, so etwas zuzumuten. So kehrte denn der arme gefoppte Gatte mit ihr und ihrem Liebhaber ins Haus zurück, und dort fanden nachher Pyrrhus an Lydia und sie an ihm zu often Malen mit größerer Gemächlichkeit Freuden und Wonnen. Gott möge auch uns also gnädig sein.

Der überlistete Propst

Der Propst von Fiesole liebt eine verwitwete Dame, findet aber keine Gegenliebe; während er bei ihr zu liegen glaubt, liegt er bei ihrer Magd, und die Brüder der Dame zeigen ihn so dem Bischof.

Elisa war zu Ende mit ihrer Geschichte, die sie zu nicht geringer Freude der ganzen Gesellschaft erzählt hatte, und die Königin wandte sich an Emilia mit einer Gebärde, die den Wunsch anzeigte, sie möge nach der Geschichte Elisas die ihrige erzählen. Unverzüglich begann Emilia also: Meine besten Damen, wie sehr uns die Priester, die Brüder und jeder Geistliche zusetzen, ist, wenn mir recht ist, schon in mehr als einer Geschichte dargetan worden; weil man aber davon nie so viel sagen kann, daß nicht noch immer etwas übrigbliebe, so will ich zu den andern Geschichten noch eine von einem Propste erzählen, der es aller Welt zuleide hat durchsetzen wollen, daß ihm eine Dame ihre Gunst zuwende, ob sie nun wolle oder nicht; als kluge Frau, die sie war, hat sie ihn jedoch behandelt, wie er es verdiente. Wie ihr alle wißt, war Fiesole, die uralte Stadt, deren Hügel wir von hier sehen können, vorzeiten groß und mächtig; ist sie auch heute völlig heruntergekommen, so hat sie doch ihren Bischof jetzt noch so wie damals. Dort besaß, es ist schon lange her, eine verwitwete Dame, Monna Piccarda mit Namen, in der Nachbarschaft des Doms ein Grundstück mit einem nicht übermäßig großen Hause, und weil sie nicht gerade zu den Reichsten gehörte, so brachte sie dort mit ihren beiden Brüdern, wackern und gesitteten Jünglingen, einen großen Teil des Jahres zu. Nun geschah es, daß sich in diese noch sehr junge, hübsche, anmutige Dame, da sie den Dom zu besuchen pflegte, der Dompropst so heftig verliebte, daß er fast nicht mehr wußte, wo ihm der Kopf stand. Und nach einiger Zeit war seine Vermessenheit so groß, daß er ihr seine Wünsche selber sagte und sie bat, sich seine Liebe gefallen zu lassen und ihn so zu lieben, wie er sie liebe. Dieser Propst war an Jahren alt, aber jugendlich im Herzen, dabei anmaßend und stolz und glaubte sich alles erlauben zu können samt seinem gezierten und faden Benehmen, das so eingebildet und langweilig war, daß ihm niemand wohlwollte; und wenn ihm jemand ein bißchen Wohlwollen entgegenbrachte, so war es sicherlich nicht diese Dame: der war er mehr zuwider als das Kopfweh. Darum antwortete sie ihm als kluge Frau: »Daß Ihr mich liebt, Messer, kann mir sehr angenehm sein, und ich muß Euch lieben und werde Euch gern lieben; aber zwischen Eurer Liebe und der meinen darf nie etwas Unehrbares vorfallen. Ihr seid mein geistlicher Vater und seid Priester und nähert Euch mit raschen Schritten dem Alter, und das alles muß Euch ehrbar und keusch machen; ich wieder bin kein Mädchen, für die sich so ein Liebeshandel schicken würde, sondern eine Witwe, und Ihr wißt, was für ein Maß von Ehrbarkeit von den Witwen verlangt wird: verzeiht mir also, daß ich auf die Art, wie Ihr begehrt, weder Euch lieben werde noch von Euch geliebt sein will.« Der Propst, der für diesmal nichts andres von ihr erlangen konnte, verlor keineswegs die Fassung oder gab sich auf den ersten Streich besiegt, sondern betrieb in seiner sorglosen Dreistigkeit seine Werbung weiter durch Briefe und Botschaften oder auch selber, wann er sie in die Kirche kommen sah. Endlich wurde der Dame diese Zudringlichkeit allzu lästig und ärgerlich, und sie beschloß, ihn sich, weil es ihr anders nicht möglich war, auf die Art, wie er es verdiente, vom Halse zu schaffen; doch wollte sie nichts unternehmen, ohne sich vorher mit ihren Brüdern besprochen zu haben. Sie sagte ihnen also, wie sich der Propst gegen sie benehme und was sie beabsichtige; da sie ihr völlig freie Hand ließen, ging sie einige Tage später wieder in die Kirche. Kaum sah sie der Propst, so trat er auch schon auf sie zu, um mit ihr in der gewohnten Art ganz vertraulich ein Gespräch anzufangen. Als sie bemerkte, daß er auf sie zukam, blickte sie ihn mit einem freundlichen Gesichte an und ging ein wenig abseits; nachdem der Propst wie gewöhnlich ein langes und breites auf sie eingeredet hatte, begann sie mit einem tiefen Seufzer: »Messer, gar oft habe ich schon gehört, es sei keine Burg so fest, daß sie nicht, wenn sie tagtäglich bestürmt wird, endlich genommen würde; und das, sehe ich nun, ist bei mir nur zu gut eingetroffen. Ihr habt mir mit süßen Worten und allerlei Liebenswürdigkeiten derart zugesetzt, daß Ihr mich dazu gebracht habt, meinen Vorsatz zu brechen, und ich bin, da ich Euch so gefalle, bereit, die Eurige zu sein.« Voller Freude sagte der Propst: »Großen Dank, Madonna; und um Euch die Wahrheit zu sagen, daß Ihr Euch so lange gehalten habt, hat mich baß gewundert, wenn ich bedacht habe, daß mir das noch bei keiner so ergangen ist; habe ich doch schon zu manchen Malen gesagt: wenn die Frauen von Silber wären, sie würden zum Gelde nicht taugen, weil sie den Hammer nicht aushielten. Aber lassen wir das jetzt: wo und wann können wir beisammen sein?« Die Dame antwortete: »Mein süßer Herr, das Wann, das könnte zu jeder Stunde sein, die uns paßt: ich habe ja keinen Gatten, dem ich Rechenschaft geben müßte über meine Nächte; aber das Wo kann ich nicht erfinden.« Der Propst sagte: »Wieso nicht? In Euerm Hause doch.« Die Dame antwortete: »Messer, Ihr wißt, daß ich zwei junge Brüder habe, die mir Tag und Nacht Gesellschaft ins Haus bringen, und mein Haus ist nicht allzu groß; und darum wäre dort niemand sicher, außer er gäbe wie ein Stummer kein Wort, nicht einmal einen Laut von sich und tappte sich im Finstern zurecht wie ein Blinder. Wenn wir das wollten, so ginge es ja, weil sie sich niemals in meine Kammer verirren; aber die ihrige ist so nahe bei meiner, daß sich kein Wörtlein so leise sagen läßt, daß man's nicht dort hörte.« Nun sagte der Propst: »Deswegen, Madonna, soll es nicht um eine Nacht oder zwei aufgeschoben werden; inzwischen sehe ich mich um, wo wir mit mehr Bequemlichkeit beisammen sein können.« Die Dame sagte: »Messer, das steht bei Euch; ich bitte Euch nur um das eine, daß die Sache geheim bleibt und niemand ein Wort davon erfährt.« Nun sagte der Propst: »Madonna, laßt Euch das nicht kümmern; und wenn es sein kann, so macht, daß wir heute abend beisammen sind.« Die Dame sagte: »Mir ist es recht«; nachdem sie ihm noch Bescheid gesagt hatte, wie und wann er kommen solle, schied sie von ihm und ging nach Hause. Nun hatte sie eine Magd, die zwar nicht allzu jung, aber so häßlich und mißgestaltet war, wie man sich nur denken kann: die Nase war breitgedrückt, und der Mund war schief, und die Lippen waren wulstig, und die Zähne waren schlecht gestellt und groß, und sie schielte ein wenig, und ihre Augen waren nie gesund, und sie sah so grün und gelb aus, als ob sie den Sommer nicht in Fiesole, sondern in Sinigaglia verbracht hätte; überdies war sie lendenlahm und auf der rechten Seite ein wenig verkrüppelt, und sie hieß Ciuta: weil sie jedoch ein so abscheuliches Aussehn hatte, wurde sie von jedermann Ciutazza genannt. Obwohl sie in ihrem Äußern mißgestaltet war, verfügte sie doch über einige Schalkhaftigkeit. Die rief die Dame zu sich und sagte zu ihr: »Ciutazza, wenn du mir heute nacht einen Dienst erweisen willst, so schenke ich dir ein schönes neues Hemd.« Als Ciutazza das Hemd erwähnen hörte, sagte sie: »Madonna, wenn Ihr mir ein Hemd gebt, so gehe ich für Euch durchs Feuer, von etwas anderm gar nicht zu reden.« – »Also gut«, sagte die Dame, »ich will, daß du heute nacht in meinem Bette bei einem Manne liegst und dich zärtlich gegen ihn zeigst, und nimm dich wohl in acht, ein Wort zu sprechen, damit dich nicht meine Brüder hören, die, wie du weißt, nebenan schlafen; und dann gebe ich dir das Hemd.« Ciutazza sagte: »Mit sechsen schlafe ich, wenn es sein muß, geschweige denn mit einem.« Als der Abend gekommen war, kam der Herr Propst, wie ihm aufgetragen worden war, und die zwei jungen Männer waren, wie es die Dame mit ihnen verabredet hatte, in der Kammer und ließen sich wohl vernehmen; drum trat der Propst leise im Finstern in die Kammer der Dame und ging, wie sie ihm gesagt hatte, aufs Bett zu, und Ciutazza, die von der Dame wohl unterrichtet worden war, was sie zu tun habe, kam von der andern Seite. Der Herr Propst schloß in dem Glauben, seine Dame neben sich zu haben, Ciutazza in die Arme und küßte sie, ohne ein Wort zu sprechen, und Ciutazza küßte ihn wieder; dann begann er sich an ihr zu ergötzen und ergriff Besitz von den lange ersehnten Herrlichkeiten. Als dies die Dame geschehn wußte, trug sie den Brüdern auf, den Rest ihrer Verabredung ins Werk zu setzen. Die verließen still ihre Kammer und gingen auf den Marktplatz, und das Glück begünstigte ihr Vorhaben mehr, als sie verlangt hätten; denn wegen der großen Hitze hatte der Bischof um die zwei jungen Männer gefragt, in der Absicht, sie zu besuchen und sich mit ihnen bei einem frischen Trunke zu unterhalten. Als er sie nun kommen sah, sagte er ihnen sein Begehren und machte sich mit ihnen auf den Weg, trat in einen kühlen Hof ihres Hauses, wo viele Lichter brannten, und trank mit großem Vergnügen von ihrem guten Weine. Und nachdem er getrunken hatte, sagten die Jünglinge: »Herr, weil Ihr uns einmal eine so große Gnade erwiesen habt, daß Ihr unser kleines Häuschen eines Besuches gewürdigt habt, wozu wir Euch haben einladen wollen, so möchten wir noch, daß es Euch beliebe, eine Kleinigkeit ansehn zu wollen, die wir Euch zeigen wollen.« Der Bischof sagte, das tue er gern. Nun nahm der eine Bruder eine angezündete Fackel und ging voraus, während der Bischof und alle andern folgten, und führte sie geradeswegs zu der Kammer, wo der Propst bei Ciutazza lag. Der war, um rasch anzukommen, einen scharfen Trab geritten und hatte, bevor sie dazukamen, schon mehr als drei Meilen zurückgelegt; nun ruhte er erschöpft aus, den Arm, trotz der Hitze, um Ciutazza geschlungen. Der Jüngling trat mit dem Lichte in die Kammer und hinter ihm der Bischof mit allen übrigen, und dem wurde der Propst mit Ciutazza im Arme gezeigt. Dabei erwachte der Herr Propst; als er das Licht und rund um sich die vielen Menschen sah, steckte er vor arger Scham und vor Furcht den Kopf unter die Bettücher. Der Bischof schimpfte ihn tüchtig zusammen und hieß ihn den Kopf herausziehn und sehn, bei wem er gelegen sei. Jetzt ward der Propst inne, daß ihn die Dame betrogen hatte; deshalb sowohl wie auch wegen der Schmach, die er sich, wie er fühlte, zugezogen hatte, wurde er im Augenblicke zum traurigsten Menschen, der je gelebt hat; nachdem er sich auf den Befehl des Bischofs wieder angekleidet hatte, wurde er mit einer sichern Bewachung nach Hause geschickt, um für die begangene Sünde eine schwere Buße zu erleiden. Dann wollte der Bischof wissen, wieso er hergekommen sei, um bei Ciutazza zu liegen, und die Jünglinge sagten ihm alles der Reihe nach. Nachdem es der Bischof vernommen hatte, lobte er die Dame und ebenso die jungen Männer, die, ohne sich die Hände mit dem Blute eines Geistlichen beflecken zu wollen, mit ihm doch in der verdienten Weise umgegangen seien. Diese Sünde ließ ihn der Bischof vierzig Tage lang beweinen; aber

Liebe und Verdruß ließen ihn sie länger als neunundvierzig beweinen, abgesehn davon, daß er nachher noch eine geraume Zeit nicht auf die Straße gehn konnte, ohne daß die Kinder mit den Fingern auf ihn gezeigt und gesagt hätten: »Schaut, das ist der, der bei Ciutazza gelegen hat.« Das ärgerte ihn so sehr, daß nicht mehr viel fehlte, und er wäre närrisch geworden. Und auf diese Weise hat sich die treffliche Dame den widerwärtigen Propst samt allem Ärger über ihn vom Halse geschafft, und Ciutazza hat das Hemd und die schöne Nacht gewonnen.

Die Geschichte von
der sonderbaren Nonnenhaube

Eine Äbtissin steht im Finstern auf, um eine Nonne, die bei ihr verklagt worden ist, mit ihrem Geliebten im Bette zu überraschen, und nimmt in der Hast statt ihres Nonnenschleiers die Hosen des Priesters, den sie bei sich hat; da das die Verklagte sieht und sie es wissen läßt, geht sie ledig aus und darf in Gemächlichkeit mit ihrem Geliebten beisammen sein.

Als Filomena schwieg, wurde die Klugheit, womit sich die Dame die, die sie nicht lieben wollte, vom Halse geschafft hatte, von allen gepriesen, während die tollkühne Vermessenheit der Verliebten allgemein nicht für Liebe, sondern für Wahnsinn erklärt wurde; und schon sagte die Königin freundlich zu Elisa: »Elisa, fahre fort.« Die begann unverzüglich: Meine geliebten Damen, weislich hat es Madonna Francesca, wie gesagt worden ist, verstanden, sich ihres Verdrusses zu entledigen; aber eine junge Nonne hat sich mit Hilfe des Glücks nur durch ein artiges Wort einer drohenden Gefahr entledigt. Und wie ihr wißt, gibt es sehr viel Leute, die sich, obwohl sie selbst gar töricht sind, zu Lehrern und Zuchtmeistern der andern aufwerfen; dabei werden sie aber, wie ihr aus meiner Geschichte werdet ersehn können, zu manchen Malen verdienterweise selber vom Zufalle bloßgestellt: und so ist es auch einer Äbtissin ergangen, der die Nonne, von der ich erzählen will, untergeben war.

Ihr sollt also wissen, daß in der Lombardei ein durch Heiligkeit und Frömmigkeit wohlberufenes Kloster war, unter dessen Nonnen ein junges Mädchen aus edelm Blute und begabt mit wundersamer Schönheit war, Isabetta mit Namen, und die verliebte sich, als sie eines Tages zu einem Vetter von ihr ans Sprechgitter kam, in einen hübschen jungen Mann, der mit ihm war. Und ebenso entbrannte er für sie, da er ihre Schönheit sah und ihr Begehren in ihren Augen gelesen hatte; und nicht ohne große Pein schmachteten sie beide lange Zeit in dieser Liebe, ohne ihre Frucht zu genießen. Endlich entdeckte der junge Mann bei dem beiderseitigen Verlangen einen Weg, wie er ganz heimlich zu seiner Nonne kommen konnte, und sie war es zufrieden, und so besuchte er sie nicht einmal, sondern oftmals zu beider größtem Vergnügen. Derweil das aber so fortging, geschah es eines Nachts, daß ihn, ohne daß er oder Isabetta sich dessen versehn hätte, eine Klosterfrau bemerkte, als er Isabetta verließ und wegging. Die Klosterfrau teilte es noch einigen mit. Zuerst ging deren Plan dahin, sie bei der Äbtissin zu verklagen, die Madonna Usimbalda hieß und nach der Meinung der Klosterfrauen und aller, die sie kannten, eine gute, heilige Dame war; dann aber verfielen sie auf den Gedanken, Isabetta von der Äbtissin mit dem Jüngling überraschen zu lassen, damit kein Leugnen möglich sei. Und also schweigend teilten sie sich in die Vigilien und Wachen, um Isabetta zu ertappen. Nun geschah es, daß ihn die, die dessen keine acht hatte und auch nichts davon wußte, eines Nachts kommen ließ. Sofort wurden das die, die darauf lauerten, gewahr. Als es sie, nachdem ein hübsches Stück der Nacht verstrichen war, an der Zeit deuchte, teilten sie sich in zwei Hälften: die einen stellten sich vor die Tür von Isabettas Zelle auf die Wache, während die andern eilends zur Kammer der Äbtissin gingen; und als die auf ihr Klopfen antwortete, sagten sie zu ihr: »Auf, Madonna, erhebt Euch rasch, wir haben bemerkt, daß Isabetta einen jungen Mann in ihrer Zelle hat.« Diese Nacht leistete der Äbtissin ein Priester Gesellschaft, den sie sich zu often Malen in einer Truhe bringen ließ. Da sie nun, als sie dies hörte, fürchtete, die Nonnen könnten in allzu großer Eile oder aus allzu großem Eifer durch ihr Pochen die Tür gar aufsprengen, erhob sie sich hurtig und kleidete sich, so gut es im Finstern ging, an; dabei kamen ihr, anstatt daß sie, wie sie meinte, das faltige Kopftuch, das sie tragen und das sie Weiel nennen, genommen hätte, die Hosen des Priesters in die Hände, und so groß war ihre Hast, daß sie sich die statt des Weiels aufs Haupt warf. Und dann trat sie heraus, verschloß die Tür hinter sich und sagte: »Wo ist diese Gottvermaledeite?« Und sie kam mit den andern, die so hitzig und begierig waren, Isabetta auf der Tat zu ertappen, daß sie gar nicht merkten, was die Äbtissin auf dem Haupte hatte, zur Tür der Zelle, und die brach sie mit Hilfe der anderen auf; und als sie eingetreten waren, fanden sie die beiden Liebenden umschlungen im Bette, und die wußten vor Bestürzung über diese Überraschung nicht was tun und blieben, wie sie waren. Unverzüglich wurde das Mädchen von den Nonnen ergriffen und auf Befehl der Äbtissin ins Kapitel gebracht. Der junge Mann blieb zurück; er kleidete sich an und wartete den Ausgang der Sache ab, mit der Absicht, wenn sie ihr etwas zuleide täten, allen, so viel er ihrer habhaft werden könnte, übel mitzuspielen und seine Geliebte mit sich zu nehmen. Die Äbtissin begann ihr, nachdem sie ihren Sitz im Kapitel eingenommen hatte, vor allen Nonnen, die nur auf die Schuldige blickten, die größten Schmähungen zu sagen, die je einem Weibe gesagt worden sind, daß sie die Heiligkeit, die Ehrbarkeit und den guten Leumund des Klosters durch ihr liederliches und schändliches Treiben, wenn es draußen bekannt werde, befleckt habe, und fügte zu diesen Schmähungen die schwersten Drohungen. Beschämt und furchtsam wegen ihrer Schuld, wußte das junge Mädchen nicht was antworten, und durch ihr Schweigen gewann sie sich das Mitleid der andern; als aber die Äbtissin ihr Ungestüm verdoppelte, hob das Mädchen von ungefähr das Gesicht und sah nun, was die Äbtissin auf dem Kopfe hatte und daß ihr die Hosenbänder rechts und links herunterhingen. Sofort merkte sie, was los war, und sagte ganz getrost: »Madonna, so Euch Gott helfe, bindet Euch doch erst die Haube, und dann sagt mir, was Ihr wollt.« Die Äbtissin, die sie nicht verstand, sagte: »Was Haube, schlechtes Weib? Du hast noch den Mut, Possen zu treiben? Glaubst du, daß nach dem, was du getan, Possen am Platze sind?« Nun sagte das Mädchen zum andern Male: »Madonna, ich bitte Euch, bindet Euch die Haube, und dann sagt mir, was Euch beliebt.« Darum hoben viele Nonnen den Blick zum Kopfe der Äbtissin, und während sie ebenso hinaufgriff, wurde sie inne, warum Isabetta so sprach. Als die Äbtissin jetzt einsah, daß ihr der gleiche Fehler vorgeworfen wurde, und sah, daß es alle gesehen hatten und kein Verbergen möglich war, änderte sie ihre Predigt und begann in einem andern Tone als früher zu sprechen und kam zu dem Schlusse, es sei unmöglich, sich des Stachels des Fleisches zu erwehren; und darum sagte sie, jede solle sich's in aller Stille, wie es bisher geübt worden sei, nach Möglichkeit gut geschehn lassen. Und nachdem sie das Mädchen ledig gesprochen hatte, ging sie zu ihrem Priester schlafen und Isabetta zu ihrem Geliebten. Und Isabetta ließ ihn fürderhin, allen, die ihr neidisch waren, zum Trotz, oftmals kommen. Die andern, die ohne Geliebten waren, versuchten ihr Glück heimlich nach besten Kräften.

Verwechslung in der Dunkelheit

Zwei junge Männer herbergen bei einem, und der eine legt sich zu dessen Tochter, während sich die Mutter unversehens zu dem andern legt. Der, der bei der Tochter gewesen ist, legt sich dann zum Vater und sagt ihm alles in dem Glauben, er sage es seinem Gesellen. Auf den Lärm, der davon entsteht, merkt die Frau ihren Irrtum, steigt zur Tochter ins Bett und stillt von dort aus alles mit einigen gescheiten Worten.

Calandrino, der die Gesellschaft schon oft lachen gemacht hatte, tat das auch diesmal; als aber die Damen nichts mehr über seine Streiche sagten, trug die Königin Panfilo auf, zu erzählen, und der sagte: Meine verehrten Damen, der Name des von Calandrino geliebten Mädchens, Niccolosa, hat mir eine Geschichte von einer andern Niccolosa ins Gedächtnis gerufen, und die will ich euch erzählen, weil ihr darin sehn werdet, wie die Geistesgegenwart einer trefflichen Frau ein großes Ärgernis beseitigt hat.

In der Ebene des Mugnone lebte, es ist noch nicht lange her, ein biederer Mann, der den Reisenden für ihr Geld zu essen und zu trinken gab; und obwohl er arm war und nur ein kleines Häuschen hatte, beherbergte er doch dann und wann im Notfalle, zwar nicht jedermann, aber doch manchen Bekannten. Der hatte ein sehr schönes Weib zur Frau, von der er zwei Kinder hatte, eine schöne, liebreizende Tochter von fünfzehn oder sechzehn Jahren, die noch ohne Gatten war, und ein ganz kleines Knäblein, das noch kein Jahr alt war und von der Mutter gestillt wurde. Auf das Mädchen hatte ein anmutiger, hübscher Edelmann in unserer Stadt, der oft in die Gegend kam, ein Auge geworfen und liebte sie heiß. Und sie, die sich nicht wenig darauf zugute tat, daß sie von einem solchen Jüngling geliebt wurde, verliebte sich, indem sie es darauf anlegte, seine Liebe durch freundliche Mienen zu nähren, ebenso in ihn; und zu mehrern Malen schon hätte diese Liebe nach den Wünschen eines jeden von den beiden zu einem Ziele geführt, wenn nicht Pinuccio, so hieß der Jüngling, Scheu getragen hätte, sich und das Mädchen in Schande zu bringen. Da sich aber die Glut von Tag zu Tag steigerte, wurde die Sehnsucht, trotz alledem mit ihr zusammenzukommen, in Pinuccio so mächtig, daß er auf den Gedanken verfiel, unter irgendeinem Vorwande bei ihrem Vater zu herbergen, weil er dadurch, daß ihm alle Gelegenheit des Hauses bekannt war, hoffte, auf diese Weise zu ihr kommen zu können, ohne daß es jemand merkte; und wie ihm das in den Sinn kam, so führte er es auch unverzüglich aus. Er und ein vertrauter Gesell von ihm, Adriano geheißen, der um diese Liebe wußte, nahmen eines Abends zu später Stunde zwei Mietklepper, legten ihnen zwei Felleisen auf, vielleicht voll Stroh, verließen Florenz und kamen auf einem Umwege, als es schon Nacht war, in der Mugnoneebene an; dort machten sie kehrt und ritten, als ob sie auf dem Heimwege von der Romagna wären, auf das Haus zu und pochten an die Tür des Biedermanns: der öffnete ihnen alsbald, weil er sie beide gut kannte. Pinuccio sagte zu ihm: »Sieh, du mußt uns heute nacht beherbergen: wir glaubten, noch bis Florenz zu kommen, haben uns aber doch nicht so sputen können, daß wir nicht erst so spät, wie du siehst, hierhergekommen wären.« Der Wirt antwortete: »Du weißt wohl, Pinuccio, wie ich darauf eingerichtet bin, solche Leute, wie ihr seid, zu beherbergen; weil euch aber einmal die Nacht hier überrascht hat und weil euch keine Zeit bleibt, anderswohin zu reiten, so beherberge ich euch gern so gut, wie ich kann.« Die jungen Männer stiegen also ab, traten in die Herberge, versorgten vor allem ihre Klepper und aßen dann mit dem Wirte von dem, was sie mitgebracht hatten, zur Nacht. Nun hatte der Wirt nur eine sehr kleine Kammer, worein er, so gut es sich hatte tun lassen, drei Betten gestellt hatte, zwei an die eine Seite, das dritte gegenüber an die andere, so daß nur so wenig Raum geblieben war, daß man gerade noch dazwischen durchgehn konnte. Von diesen drei Betten ließ der Wirt das am wenigsten schlechte für die beiden Freunde herrichten, und sie legten sich auf sein Geheiß nieder; bald darauf, während noch keiner von ihnen schlief, obwohl sie sich schlafend stellten, hieß der Wirt seine Tochter sich in eins der übrigen legen, und ins andere stieg er mit seiner Frau, und die stellte die Wiege mit ihrem kleinen Kinde an das Bett, wo sie schlief. Als auf diese Weise alles geordnet war und Pinuccio, dessen Aufmerksamkeit nichts entgangen war, nach einem Weilchen glaubte, es sei nun jedermann eingeschlafen, erhob er sich leise und schlich zu dem Bette, wo sein geliebtes Mädchen lag, und legte sich neben sie; er wurde von ihr, wenn sie es auch nur furchtsam tat, froh empfangen und gab sich nun mit ihr den von beiden vor allem ersehnten Wonnen hin. Pinuccio weilte noch bei dem Mädchen, als es geschah, daß eine Katze etwas umwarf, so daß die Frau, die es hörte, erwachte; in der Besorgnis, es könnte etwas andres sein, stand sie im Finstern, so wie sie war, auf und ging dorthin, woher sie das Geräusch gehört hatte. Adriano, der dessen nicht acht hatte, stand von ungefähr eines natürlichen Bedürfnisses halber ebenfalls auf, und weil ihm, als er es abmachen ging, die Wiege, die die Frau hingestellt hatte, im Wege war, so daß er nicht hätte vorbei können ohne sie wegzuheben, so hob er sie von ihrem

Platze weg und stellte sie an das Bett, wo er selber schlief; und als er das, weswegen er aufgestanden war, verrichtet hatte, stieg er wieder in sein Bett, ohne sich weiter um die Wiege zu kümmern. Nachdem die Frau bei ihrem Suchen gefunden hatte, daß es mit dem Gegenstande, der herabgefallen war, nichts auf sich hatte, zündete sie nicht erst ein Licht an, um weiter nachzusehn, sondern kehrte, nicht ohne die Katze ausgescholten zu haben, in die Kammer zurück und ging tappend geradeswegs auf das Bett zu, wo ihr Gatte schlief. Da sie aber die Wiege nicht vorfand, sagte sie bei sich: »Na, ich dummes Ding, was hätte ich da gemacht! Gottstreu, ich wäre geradewegs zu meinen Gästen ins Bett gestiegen.« Und indem sie ein wenig weiterging, fand sie die Wiege und legte sich in das Bett daneben zu Adriano, in der Meinung, sie lege sich zu ihrem Gatten. Als das Adriano, der noch nicht eingeschlafen war, merkte, empfing er sie freundlich und froh und lud ihr Schiffchen, ohne ein Wort zu sagen, mehr als einmal voll zu ihrem größten Vergnügen. Unterdessen bekam Pinuccio Furcht, der Schlaf könnte ihn bei seinem Mädchen überraschen, und weil er die ersehnten Wonnen genossen hatte, erhob er sich von ihrer Seite, um in sein Bett schlafen zu gehn, und als er dort hinkam, glaubte er, weil er die Wiege vorfand, es sei das des Wirtes; darum ging er ein paar Schritte weiter und legte sich zum Wirte, und der erwachte bei seiner Ankunft. In dem Glauben, bei Adriano zu sein, sagte Pinuccio: »Wahrlich, ich sage dir, es gibt nichts Süßeres als Niccolosa: beim Leichnam Gottes, ich habe eine größere Lust empfunden als je ein Mann bei einem Weibe, und ich sage dir, ich bin sechsmal und öfter in die Stadt gefahren, seitdem ich dich verlassen habe.« Als der Wirt diese Nachricht, die ihm nicht besonders gut gefiel, hörte, sagte er zuerst bei sich: »Was Teufel macht denn der da?« Dann sagte er, mehr zornig als wohlberaten: »Pinuccio, das ist eine große Schändlichkeit, und ich weiß nicht, warum du mir das getan hast; aber bei Gottes Leichnam, ich werde dich dafür bezahlen!« Als Pinuccio, der nicht gerade der gescheiteste war, seinen Irrtum gewahr wurde, versuchte er etwa nicht, die Sache nach Kräften gutzumachen, sondern sagte: »Womit willst du mich bezahlen? Was kannst du mir tun?« Die Frau des Wirtes, die bei ihrem Manne zu sein glaubte, sagte zu Adriano: »Hör doch unsere Gäste: sie haben, ich weiß nicht warum, einen Wortwechsel.« Adriano sagte lachend: »Laß sie machen, Gott strafe sie: sie haben gestern abend zuviel getrunken.« Die Frau, die es deuchte, sie habe ihren Mann schelten hören, erkannte nun, als sie Adriano sprechen hörte, sofort, wo und bei wem sie gewesen war; drum stand sie, klug genug, kein Wort zu sagen, augenblicklich auf, nahm die Wiege ihres Kindes, trug sie, obwohl es in der Kammer stockfinster war, so gut sie sich zurechtfinden konnte, zu dem Bette, wo ihre Tochter schlief, und legte sich zu ihr; dann rief sie ihren Mann, als ob sie auf seinen Lärm erwacht wäre, und fragte ihn, was er mit Pinuccio habe. Der Mann antwortete: »Hörst du nicht, was er sagt, daß er heute nacht mit Niccolosa getan hat?« Die Frau sagte: »Das lügt er in seinen Hals: bei Niccolosa hat er nicht gelegen; denn ich habe mich zu ihr gelegt und seither nicht einschlafen können. Und du bist ein Esel, wenn du ihm glaubst. Ihr trinkt abends so viel, daß ihr dann in der Nacht träumt und umhergeht, ohne etwas davon zu wissen, und schließlich wunder was glaubt; es ist nur eine Sünde, daß ihr euch nicht den Hals brecht. Aber was macht Pinuccio dort? Warum bleibt er nicht in seinem Bette?« Adriano wieder, der sah, daß die Frau ihre und ihrer Tochter Schande weislich zu verdecken suchte, sagte: »Pinuccio, hundertmal habe ich dir schon gesagt, daß du nicht umhergehn sollst, weil dir diese Untugend, im Schlafe aufzustehn und das, was du träumst, als Wirklichkeit zu erzählen, noch teuer zu stehn kommen wird: komm wieder her, daß dich Gott schände!« Als der Wirt hörte, was seine Frau sagte und was Adriano sagte, glaubte er in allem Ernste, daß Pinuccio träume; darum packte er ihn bei der Schulter, rüttelte ihn und rief ihn an und sagte: »Pinuccio, wach auf; geh in dein Bett zurück.« Pinuccio, der aus diesen Reden das Nötige entnommen hatte, begann wie ein Träumender aberwitziges Zeug zu schwatzen, so daß sich der Wirt vor Lachen ausschütten wollte. Endlich aber tat er, als ob er vom Rütteln munter würde, und rief Adriano an und sagte: »Ist es denn schon Tag, daß du mich weckst?« Adriano sagte: »Freilich, komm doch her.« Schließlich stand Pinuccio, der noch immer den Schlaftrunkenen spielte, von dem Bette des Wirtes auf und ging zu Adriano ins Bett zurück. Und als es Tag war und sie aufgestanden waren, neckte ihn der Wirt lachend wegen seines Träumens. Und so gab ein Scherzwort das andere, bis die zwei Jünglinge ihre Klepper sattelten und, nachdem sie ihre Felleisen aufgepackt und mit dem Wirt einen Trunk getan hatten, zu Pferde stiegen, um nach Florenz zu reiten, nicht wenig zufrieden, wie hübsch und mit was für einem Erfolge die Sache vor sich gegangen war. Und als sie andere Wege gefunden hatten, traf Pinuccio noch oft mit Niccolosa zusammen, die ihrer Mutter beteuerte, er habe wirklich geträumt. Darum sagte sich die Frau, eingedenk der Umarmungen Adrianos, sie allein sei wach gewesen.

Die Frau des Markgrafen

Der Markgraf von Saluzzo wird durch die Bitten seiner Leute genötigt, eine Frau zu nehmen, und nimmt, um sie nach seinem Sinne zu nehmen, die Tochter eines Bauern, und er läßt die zwei Kinder, die er von ihr bekommt, angeblich umbringen. Indem er dann vorgibt, er sei ihrer überdrüssig geworden und habe eine andere Frau genommen, läßt er seine eigene Tochter nach Hause zurückkehren, als ob die seine neue Frau wäre. Da er seine Gattin, obwohl er sie im Hemde verjagt hat, in allem geduldig findet, nimmt er sie in größerer Liebe als je wieder in sein Haus, zeigt ihr ihre großen Kinder und ehrt sie als Markgräfin und läßt sie als Markgräfin ehren.

Als die Geschichte des Königs, die dem Anscheine nach allen sehr gefallen hatte, zu Ende war, sagte Dioneo lächelnd: »Der gute Mann, der vorgehabt hat, in der kommenden Nacht den aufgerichteten Schweif des Gespenstes etwas zu senken, hätte keine zwei Heller für all das Lob gegeben, das ihr Messer Torello gebt.« Dann aber begann er, weil er wußte, daß nur noch er zu erzählen hatte: Nach dem, was mich bedünkt, meine lieblichen Damen, ist der heutige Tag von allen den Königen und den Sultanen und derlei Leuten gewidmet worden; damit ich mich nun nicht zu weit von euch entferne, will ich etwas von einem Markgrafen erzählen, nicht vielleicht eine großmütige Handlung, sondern eine dumme Roheit, wenn sie auch schließlich gut für ihn ausgegangen ist. Ich würde niemand raten, ihm hierin nachzufolgen, weil es sehr unrecht war, daß ihm daraus etwas Gutes erwachsen ist.

Es ist schon lange her, daß das Haupt des Hauses der Markgrafen von Saluzzo ein junger Mann war, Gualtieri geheißen, der, ohne Weib und Kind hausend, seine Zeit mit nichts anderm verbrachte als mit der Vogelbeize und der Jagd; ein Weib zu nehmen und Kinder zu zeugen, hatte er keinen Gedanken, was nicht so unvernünftig war. Seine Leute, denen das nicht recht war, baten ihn zu often Malen, ein Weib zu nehmen, damit nicht er ohne Erben bleibe und sie ohne Herrn; sie erboten sich auch, ihm ein solches und von solchen Eltern abstammendes Fräulein ausfindig zu machen, daß er alle Zuversicht haben und sich wohl zufriedengeben könne. Gualtieri antwortete ihnen: »Meine lieben Freunde, ihr nötigt mich zu etwas, was ich nie und nimmer zu tun entschlossen war in der Überlegung, was für ein schweres Ding es ist, eine ausfindig zu machen, die sich ganz zum eigenen Wesen schickte, und wie häufig das Gegenteil ist und wie hart das Leben dessen ist, der an eine gerät, die sich nicht zu ihm schickt. Und daß ihr sagt, ihr glaubet aus der Art der Eltern die der Töchter zu erkennen, woraus ihr ableitet, ihr würdet mir eine solche geben, daß sie mir gefällt, das ist eine Torheit: denn ich wüßte nicht, woher ihr die Väter oder wie ihr die Heimlichkeiten der Mütter kennen könntet; und wenn ihr sie schon kenntet, so sind doch die Töchter gar häufig den Eltern unähnlich. Weil es euch aber beliebt, mich mit diesen Ketten zu fesseln, so schicke ich mich meinetwegen drein; und damit ich mich, wenn es schlimm ausgeht, über niemand sonst zu beklagen habe als über mich, so will ich mir sie selber aussuchen, sage euch aber das eine: wenn ihr die, die ich nehme, nicht als Herrin ehren werdet, so werdet ihr's zu euerm großen Schaden erfahren, wie schwer es mir ist, gegen meinen Willen auf euere Bitten ein Weib genommen zu haben.« Die wackern Leute antworteten, sie seien es zufrieden, nur möge er sich entschließen, ein Weib zu nehmen. Seit langem hatte Gualtieri sein Wohlgefallen an dem Gehaben eines armen jungen Mädchens, die aus einem Dorfe nahe bei seinem Hause war, und da sie ihn auch sehr schön deuchte, glaubte er, mit ihr recht glücklich leben zu können; ohne daher weiter zu suchen, nahm er sich vor, sie zu heiraten: er ließ ihren Vater rufen und kam mit ihm, der ein ganz armer Mann war, überein, sie zum Weibe zu nehmen. Hierauf versammelte er alle seine Freunde aus der Landschaft um sich und sagte zu ihnen: »Meine lieben Freunde, euer Wille war und ist es, daß ich mich entschlösse, ein Weib zu nehmen, und ich habe mich dazu entschlossen, mehr euch zuliebe, als daß ich ein Verlangen nach einem Weibe gehabt hätte. Ihr wißt, was ihr mir versprochen habt, nämlich mit einer jeden, wer immer die sei, die ich nehme, zufrieden zu sein und sie als Herrin zu ehren; jetzt ist die Zeit da, wo ich im Begriffe bin, euch mein Versprechen zu halten, und ich wünsche, daß ihr mir das eurige haltet. Ich habe hier ganz in der Nähe ein junges Mädchen nach meinem Herzen gefunden, die beabsichtige ich, zum Weibe zu nehmen und binnen wenigen Tagen heimzuführen; denkt also daran, wie das Hochzeitsfest prächtig zu rüsten sei und wie ihr sie ehrenvoll empfangen könnet, damit ich mich wegen euers Versprechens ebenso zufrieden geben kann, wie ihr euch wegen des meinigen.« Die guten Leute antworteten alle voller Freude, das sei ihr Wunsch, und sie würden sie, sei sie, wer sie wolle, als Herrin hinnehmen und in allen Stücken als Herrin ehren. Hierauf trafen sie allesamt alle Anstalten, das Fest schön und groß und fröhlich zu machen, und dasselbe tat Gualtieri. Er ließ die Hochzeit gar groß und schön ausrichten und viele Freunde und Verwandte und vornehme Edelleute und andere aus der Umgegend einladen. Und er ließ auch mehrere

schöne und reiche Kleider zuschneiden und anfertigen nach
dem Maße eines jungen Mädchens, die ihm den Wuchs der
Jungfrau zu haben schien, die er sich zu freien vorgenommen hatte; und überdies beschaffte er Gürtel, Ringe und eine köstliche und prächtige Krone und alles, was eine Braut
braucht. Und als der Tag gekommen war, den er für die
Hochzeit bestimmt hatte, stieg Gualtieri etwa anderthalb
Stunden nach Sonnenaufgang zu Pferde und mit ihm alle,
die ihm zu Ehren gekommen waren; und nachdem er alles
Nötige angeordnet hatte, sagte er: »Ihr Herren, es ist Zeit,
die Braut einzuholen.« Und er machte sich mit seinem ganzen Geleite auf den Weg, und sie ritten in das Dörfchen.
Und als sie zu dem Hause ihres Vaters gekommen waren, trafen sie das Mädchen, wie sie eben mit Wasser vom Brunnen
zurückkam; sie war in großer Hast, weil sie nachher mit andern Frauenzimmern gehn wollte, um die Braut Gualtieris
kommen zu sehn. Kaum ersah Gualtieri sie, so rief er sie
bei ihrem Namen Griselda und fragte sie, wo der Vater sei;
sie antwortete verschämt: »Herr, er ist im Hause.« Nun saß
Gualtieri ab, befahl allen, ihn zu erwarten, und trat allein
in das armselige Häuschen; dort fand er ihren Vater, der
Giannucolo hieß, und zu dem sagte er: »Ich bin gekommen,
um Griselda zu freien; vorher möchte ich aber noch von ihr
einiges in deiner Gegenwart hören.« Und er fragte sie, ob
sie sich, wenn er sie zum Weibe nehme, immerdar befleißigen wolle, ihm willfährig zu sein und sich nichts, was er
tun oder sagen werde, verdrießen zu lassen, und ob sie gehorsam sein werde und um viel ähnliche Dinge; sie antwortete
immer mit Ja. Nun nahm Gualtieri sie bei der Hand, führte
sie hinaus und ließ sie vor seiner Begleitung und wer sonst
noch da war, nackt auskleiden; und nachdem er die auf seinen Befehl angefertigten Kleidungsstücke hatte bringen lassen, ließ er sie alsbald bekleiden und beschuhen und auf ihr

Haar, so wirr wie es war, eine Krone setzen. Darob verwunderte sich jedermann, und sagte: »Ihr Herren, das ist die, die mein Weib sein soll, wenn sie mich zum Manne haben will.« Dann wandte er sich zu ihr, die, über sich selber verschämt, nicht wußte, wie ihr geschah, und sagte: »Griselda, willst du mich zum Manne?« Sie antwortete: »Ja, Herr«, und er sagte: »Und ich will dich zum Weibe.« Und er verlobte sich vor allen Leuten mit ihr. Und er ließ sie einen Zelter besteigen und führte sie mit ehrenvollem Geleite heim. Dort wurde mit großem Gepränge das Beilager gehalten, und die Festlichkeiten waren nicht anders, als wenn er die Tochter des Königs von Frankreich genommen hätte. Die junge Frau schien mit den Kleidern zugleich auch Sinn und Wesen gewechselt zu haben. Sie war, wie wir gesagt haben, schön an Gestalt und Antlitz, und so schön, wie sie war, so einnehmend, so liebenswürdig und so gewandt wurde sie jetzt in ihrem Benehmen, so daß sie nicht die Tochter Giannucolos und einer Schafhirtin, sondern die eines edlen Herrn zu sein schien; das nahm alle Wunder, die sie vorher gekannt hatten. Und zudem war sie ihrem Manne so gehorsam und zuvorkommend, daß er sich für den glücklichsten und zufriedensten Menschen auf der Welt hielt; und mit seinen Untertanen war sie so freundlich und leutselig, daß es niemand gab, der sie nicht mehr als sich selbst geliebt und ihr nicht willig alle Ehrerbietung erwiesen hätte: alle beteten für ihr Wohl und ihr Glück und ihre Erhebung, und hatten sie früher zu sagen gepflegt, Gualtieri habe unweislich gehandelt, daß er sie zum Weibe genommen habe, so sagten sie nun, daß er der weiseste und scharfsichtigste Mensch der Welt gewesen sei, weil es niemand sonst als er vermocht hatte, die hohen Tugenden unter der dürftigen Hülle und der bäuerischen Tracht zu erkennen. Und sie verstand sich so zu benehmen, daß nicht nur in ganz kurzer Frist in ihrer Markgrafschaft, sondern auch, ehe viel Zeit verstrichen war, allenthalben von ihrer Vortrefflichkeit und ihrer Zucht gesprochen wurde, und was etwa gegen ihren Gatten gesagt worden war, als er sie gefreit hatte, das wandte sich nun in das Gegenteil. Sie war noch nicht lange in Gualtieris Hause, als sie schwanger wurde; und zu der Zeit gebar sie eine Tochter, und darüber war Gualtieri ganz glücklich. Bald darauf aber kam ihm ein seltsamer Gedanke in den Sinn, nämlich der, ihre Willfährigkeit mit langer Erprobung und harten Prüfungen versuchen zu wollen. Er fing damit an, sie mit Worten zu kränken, indem er in gespielter Erregung zu ihr sagte, seine Leute seien schlecht zufrieden mit ihr wegen ihrer niedrigen Abstammung, und besonders jetzt, wo sie sähen, daß sie ihm Kinder bringe; und wegen der Tochter, die sie geboren habe, täten sie mißvergnügt nichts sonst als murren. Auf diese Worte hin sagte die Frau, ohne ihr Gesicht oder ihre guten Vorsätze irgendwie zu ändern: »Mein liebster Herr, tu mit mir, wie du glaubst, daß es deiner Ehre und deiner Ruhe förderlich ist; ich werde mit allem zufrieden sein, weil ich erkenne, wie gering ich gegen sie bin und daß ich der Ehre nicht wert war, zu der du mich in deiner Gnade erhoben hast.« Diese Antwort freute Gualtieri ungemein, weil er daraus erkannte, daß sie keineswegs stolz geworden war über die Ehre, die er oder andere ihr erwiesen hatten. Kurze Zeit darauf schickte er, nachdem er ihr mit allgemeinen Worten mitgeteilt hatte, seine Untertanen könnten ihr Mägdlein nicht leiden, einen Diener, dem er seine Weisungen erteilt hatte, zu ihr, und der sagte ihr mit gar betrübtem Gesichte: »Madonna, wenn ich nicht sterben will, muß ich tun, was mir mein Herr befiehlt. Er hat mir befohlen, Euer Töchterchen zu nehmen und ...«, und mehr sagte er nicht. Als die Frau diese Worte hörte, das Gesicht des Dieners sah und sich der gesagten Worte erinnerte, begriff sie, daß er den Auftrag hatte, das

Kind zu töten; und so nahm sie es aus der Wiege und küßte und segnete es und legte es, ohne trotz ihrer Herzenspein das Gesicht zu verändern, dem Diener in den Arm und sagte: »Nimm sie und tu pünktlich, was dir dein und mein Herr aufgetragen hat; laß sie aber nicht so, daß sie die Tiere und die Vögel fressen, es sei denn, er hätte dir das befohlen.« Der Diener nahm das Mägdlein und meldete Gualtieri, was die Frau gesagt hatte; staunend über ihre Standhaftigkeit schickte ihn Gualtieri mit der Kleinen zu einer Muhme von ihm nach Bologna und ließ sie bitten, sie mit aller Sorgfalt warten und erziehen zu lassen, ohne jemals zu sagen, wessen Tochter sie sei. Darauf geschah es, daß die Frau von neuem schwanger wurde, und zur gehörigen Zeit genas sie eines Knaben, und dessen war Gualtieri herzlich froh. Weil ihm aber das, was er getan hatte, nicht genügte, so verwundete er die Frau mit größerer Kränkung und sagte eines Tages erregten Angesichts zu ihr: »Frau, seit du diesen Knaben geboren hast, kann ich mit meinen Leuten gar nicht mehr auskommen, so bitter beschweren sie sich darüber, daß nach mir ein Enkel Giannucolos ihr Herr sein soll; darum fürchte ich, daß mir, wenn ich nicht des Landes vertrieben werden will, nichts übrigbleibt, als dasselbe zu tun, was ich das andere Mal getan habe, und schließlich noch dich zu lassen und ein ander Weib zu nehmen.« Geduldigen Mutes hörte ihn die Frau an und erwiderte nichts als: »Mein liebster Herr, sorge deine Ruhe zu gewinnen und handle nach deinem Wohlgefallen; um mich kümmere dich in keiner Weise, weil mir ja doch nichts teuer ist, außer soweit ich sehe, daß es dir recht ist.« Nach wenigen Tagen schickte Gualtieri in derselben Art, wie um die Tochter, um den Sohn und schickte ihn, indem er vorgab, er habe ihn in gleicher Weise töten lassen, ebenso wie das Mägdlein zur Erziehung nach Bologna; dazu machte die Frau weder ein andres Gesicht noch andere Worte als wegen des Mägdleins, so daß sich Gualtieri baß verwunderte und sich selber gestand, daß kein andres Weib hätte so handeln können wie sie: und hätte er nicht gesehn gehabt, wie zärtlich sie mit den Kindern gewesen war, solange ihm das recht war, so hätte er, anstatt die Weisheit ihres Handelns zu erkennen, wie er jetzt tat, geglaubt, sie handle so aus Gleichgültigkeit. Seine Untertanen, die wirklich glaubten, er habe die Kinder töten lassen, tadelten ihn bitter und schalten ihn einen Unmenschen und hatten mit der Frau das größte Mitleid; die aber sagte zu den Frauen, die mit ihr über die also getöteten Kinder wegklagten, nichts sonst, als daß ihr alles recht sei, was dem beliebe, der sie gezeugt habe. Als aber nach der Geburt des Mägdleins eine Reihe von Jahren verstrichen war, deuchte es Gualtieri an der Zeit, mit ihrer Duldsamkeit die letzte Probe anzustellen; und so sagte er gesprächsweise zu vielen von seinen Leuten, er könne es auf keine Weise mehr ertragen, Griselda zur Frau zu haben, und er sehe nun ein, was für eine Jugendtorheit er begangen habe, sie zu nehmen, und daher wolle er's beim Papste nach Kräften betreiben, daß ihm der erlaube, ein andres Weib zu nehmen und Griselda zu lassen. Darob wurde er von vielen ehrlichen Männern hart getadelt; er aber antwortete nur, es müsse so sein. Als die Frau davon vernahm, schien es ihr, sie müsse darauf gefaßt sein, in das Haus des Vaters zurückzukehren und vielleicht wie einst die Schafe zu hüten und den Mann, dem sie nur sein Bestes wünschte, in den Armen einer andern zu sehn: und deshalb härmte sie sich innerlich; so wie sie aber die andern Unbilden des Schicksals ertragen hatte, so beschloß sie, auch diese mit fester Stirn zu ertragen. Nicht lange darauf ließ Gualtieri seine gefälschten Briefe aus Rom kommen und redete seinen Untertanen ein, darin habe ihm der Papst erlaubt, ein andres Weib zu nehmen und Griselda zu lassen. Er ließ sie also vor sich kommen und sagte in Gegenwart einer großen Versammlung zu ihr: »Frau, durch eine Vergünstigung, die mir der Papst gewährt hat, darf ich eine andere Frau nehmen und dich lassen; und weil alle meine Vorfahren große Edelleute und Herren in diesem Lande waren, während die deinigen immer Bauern waren, so will ich, daß du nicht mehr mein Weib seist, sondern in das Haus Giannucolos zurückkehrst mit dem Heiratsgute, das du mir zugebracht hast, und ich werde eine andere heimführen, die ich zu mir passend gefunden habe.« Als die Frau diese Worte hörte, hielt sie nicht ohne die größte Anstrengung, größer, als es sonst die Art der Weiber zuläßt, die Tränen zurück und antwortete: »Herr, ich habe immer erkannt, daß sich mein niedriger Stand in keiner Weise zu Euerm Adel schickt, und das, was ich mit Euch gewesen bin, das habe ich als Eure und Gottes Gabe erkannt, habe es auch nicht wie ein Geschenk mir zu eigen gemacht und so betrachtet, sondern es stets für etwas mir Geliehenes gehalten; es gefällt Euch, es zurückzufordern, und so muß es mir gefallen und gefällt mir, es Euch zurückzugeben: hier ist Euer Ring, womit Ihr Euch mir vermählt habt; nehmt ihn. Ihr befehlt mir, das Heiratsgut, das ich Euch zugebracht habe, mitzunehmen: dazu braucht Ihr keinen Zahlmeister und ich weder einen Beutel noch ein Tragtier; es ist meinem Gedächtnis nicht entfallen, daß Ihr mich nackt genommen habt. Und dünkt es Euch ehrbar, daß der Leib, der die von Euch gezeugten Kinder getragen hat, von allen gesehn werde, so will ich nackt von hinnen gehen; doch ich bitte Euch, laßt es Euch zum Lohne für meine Jungfrauschaft, die ich Euch zugebracht habe und nicht wegtrage, gefallen, daß ich ein einziges Hemd über mein Heiratsgut mitnehmen darf.« Gualtieri, dem das Weinen näher war als sonst etwas, behielt trotzdem sein finsteres Gesicht bei und sagte: »So nimm denn ein Hemd mit.« Alle, so viele ihrer da waren, baten ihn, ihr ein Kleid zu schenken, damit man nicht die, die dreizehn Jahre und noch länger sein Weib gewesen sei, so armselig und so schmählich aus seinem Hause weggehen sehe, wie es zutreffe, wenn sie im Hemde fortgehe; aber ihre Bitten waren eitel: im Hemde, barfuß und barhäuptig ging Griselda, nachdem sie alle Gott befohlen hatte, aus dem Hause und kehrte unter Tränen und Klagen aller, die sie sahen, zum Vater zurück. Giannucolo, der es nie hatte glauben können, Gualtieri werde seine Tochter in Wahrheit als Weib behalten, und dieses Ende tagtäglich erwartet hatte, hatte ihr die Kleider aufbewahrt, die sie an dem Morgen ihrer Vermählung mit Gualtieri abgelegt hatte; die brachte er ihr, und sie zog sie wieder an und machte sich, wie sie gewohnt gewesen war, an die geringen Arbeiten im väterlichen Hause; tapfern Mutes ertrug sie den wuchtigen Ansturm des feindlichen Geschickes. So, wie Gualtieri dies durchgeführt hatte, also redete er auch seinen Leuten ein, er habe eine Tochter eines Grafen von Panago genommen; und während er mit großem Gepränge zur Hochzeit rüsten ließ, schickte er um Griselda. Sie kam, und er sagte zu ihr: »Ich führe nun die Frau heim, die ich neuerdings genommen habe, und gedenke, ihr bei ihrer Ankunft Ehre zu erzeigen. Du weißt, daß ich keine Frauen im Hause habe, die die Zimmer auszuschmücken und die vielen Dinge, die ein derartiges Fest erfordert, zu besorgen verstünden: und weil du besser als jede andere Bescheid im Hause weißt, so richte du alles her, wie es sich gehört, laß die Damen einladen, die du meinst, und empfange sie, als ob du hier die Frau wärest; nach der Hochzeit kannst du dann wieder heimgehn.« Obwohl diese Worte Messerstiche waren für das Herz Griseldas, die ja der Liebe, die sie zu ihm trug, nicht so hatte entsagen können wie ihrem Glücke, antwortete sie: »Herr, ich bin willig und bereit.« Und sie trat in ihrer schlechten, groben Kleidung in das Haus, aus dem sie vor kurzem im Hemde fortgegangen war, und begann die Zimmer zu säubern und in Ordnung zu bringen, ließ in den Sälen Wandteppiche befestigen und Decken auflegen, ließ die Küche bestellen und legte überall Hand an, als ob sie eine geringe Hausmagd gewesen wäre; und sie rastete nicht eher, als bis alles schmuck und in Ordnung war, wie es sich gehörte. Dann ließ sie im Namen Gualtieris alle Damen der Umgegend einladen und traf die Anstalten zum Feste. Und als der Tag der Hochzeit gekommen war, empfing sie alle Damen, die dazu kamen, trotz ihrer armseligen Kleidung mit dem Mute und mit dem Anstande einer vornehmen Dame und mit heiterm Gesichte. Die Kinder Gualtieris waren in seinem Auftrage bei einer Muhme von ihm, die in das Haus der Grafen von Panago verheiratet war, sorgfältig auferzogen worden; das Mädchen, das schönste Wesen, das man je gesehn hatte, war jetzt zwölf Jahre alt, der Knabe sechs. Nun hatte Gualtieri zu seinem Vetter nach Bologna geschickt und ihn gebeten, es möge ihm belieben, mit seiner Tochter und dem Sohne nach Saluzzo zu kommen und dafür zu sorgen, daß er ein schönes und ehrenvolles Geleite mitbringe, dabei aber allen zu sagen, er führe sie ihm als Gattin zu, ohne gegen irgend jemand irgend etwas verlauten zu lassen, wer sie sonst sei. Der Edelmann tat, wie ihn der Markgraf gebeten hatte, machte sich auf den Weg und kam nach einigen Tagen mit dem Mädchen und dem Brüderchen und einem edeln Geleite zur Essenszeit nach Saluzzo, wo er alle Einwohner und viele Leute aus der Nachbarschaft versammelt fand, um die neue Gemahlin Gualtieris zu erwarten. Als die nach ihrem Empfange durch die Damen in den Saal, wo die Tische aufgestellt waren, getreten war, ging ihr Griselda, so wie sie war, heiter entgegen und sagte: »Willkommen, meine Herrin!« Die Damen, die Gualtieri gar oft, aber umsonst gebeten hatten, er möge Griselda in einer Kammer bleiben lassen oder ihr eins von ihren frühern Kleidern leihen, damit sie nicht in einem solchen Aufzuge vor seinen Gästen erscheine, wurden zu Tische geführt, und man fing an, sie zu bedienen. Das Fräulein wurde von jedermann betrachtet, und alle sagten, Gualtieri habe einen guten Tausch getan; besonders aber lobte Griselda sie, sie und ihr Brüderchen. Nun hielt Gualtieri dafür, er habe von der Duldsamkeit seiner Frau so viel gesehn, wie er begehrt habe, weil er sah, daß die Wendung der Dinge sie nicht im geringsten veränderte, wobei er sicher war, daß das nicht von Beschränktheit herstammte, da er sie als sehr klug kannte; es schien ihm daher an der Zeit, all die Bitterkeit, die sie nach seiner Meinung unter der tapfern Miene verbarg, von ihr zu nehmen. Darum ließ er sie kommen und sagte vor der ganzen Gesellschaft lächelnd zu ihr: »Was dünkt dich von unserer Braut?« – »Herr«, antwortete Griselda, »mich dünkt viel Gutes; und wenn sie, wie ich glaube, so klug ist wie schön, so zweifle ich nicht, daß Ihr mit ihr als der glückseligste Herr dieser Welt leben werdet. Aber ich bitte Euch, was ich nur kann, die Kränkungen, die Ihr der andern, die früher die Euere war, angetan habt, die tut dieser nicht an; denn ich glaube kaum, daß sie sie ertragen könnte, einmal, weil sie jünger ist, und dann, weil sie in Zärtlichkeit auferzogen ist, während die andere von klein auf in beständiger Mühsal gewesen ist.« Als Gualtieri sah, daß sie fest glaubte, das Fräulein solle sein Weib sein und daß sie trotzdem nichts sonst als Gutes von ihr sprach, ließ er sie an seiner Seite niedersitzen und sagte zu ihr: »Griselda, jetzt ist es Zeit, daß du die Frucht deiner langen Duldsamkeit kostest und daß die, die mich für grausam und ungerecht und töricht gehalten haben, erkennen, daß ich alles, was ich getan habe, zu einem wohlbedachten Zwecke ins Werk gesetzt habe: dich wollte ich lehren, wie ein Weib sein soll, und die andern, wie man ein Weib nehmen und halten soll; und mir wollte ich eine beständige Ruhe schaffen, dieweil ich mit dir zu leben haben würde. Und darüber, ob mir das gelingen werde, war ich, als ich daranging zu heiraten, in großer Furcht, und deswegen habe ich dich, um eine Probe anzustellen, so, wie du weißt, gekränkt und verletzt. Und weil ich nie bemerkt habe, daß du in Worten oder in Werken von meinen Wünschen abgewichen wärest, und weil ich glaube, bei dir all den Trost zu finden, den ich ersehnt habe, so will ich dir auf einmal wiedergeben, was ich dir auf mehrere Male genommen habe, und will die Kränkungen, die ich dir angetan habe, durch die größte Zärtlichkeit heilen. Und so nimm denn die, die du für meine Braut hältst, und ihr Brüderchen als deine und meine Kinder hin; sie sind die, von denen du und viele Leute lange Zeit geglaubt haben, ich hätte sie grausam töten lassen, und ich bin dein Gatte, der dich über alles in der Welt liebt und der Meinung ist, sich rühmen zu können, daß es niemand gebe, der mit seiner Frau in gleicher Weise zufrieden sein könnte.« Und nach diesen Worten fiel er ihr um den Hals und küßte sie, die vor Freuden weinte, und sie standen auf und gingen zu ihrer Tochter, die ganz erstaunt über das, was sie vernahm, dasaß, und umarmten sie und ihr Brüderchen zärtlich; und so wurden nicht nur die Kinder, sondern auch viele Anwesende ihres Wahnes entledigt. Die Damen standen froh vom Tische auf, gingen mit Griselda in eine Kammer, zogen ihr ihre Kleider mit besserer Vorbedeutung aus, legten ihr ein vornehmes Gewand von den ihrigen an und führten sie, die auch in Lumpen einer Dame geglichen hatte, als Dame in den Saal zurück. Da gab es denn ein wundersames Herzen mit den Kindern, und männiglich war dessen froh; der Jubel verdoppelte sich, und sie dehnten das Fest auf mehrere Tage aus. Gualtieris hohe Klugheit wurde anerkannt, wenn man auch die Proben, denen er seine Frau unterworfen hatte, für hart und unerträglich hielt;

über alle aber wurde Griselda als ungemein klug gepriesen. Der Graf von Panago kehrte nach einigen Tagen nach Bologna zurück. Gualtieri enthob Giannucolo seiner Arbeit und setzte ihn als seinen Schwäher in einen solchen Stand, daß er sein Greisenalter ehrenvoll und friedlich verlebte bis zu seinem Ende. Und nachdem Gualtieri seine Tochter an einen hohen Herrn vermählt hatte, lebte er mit Griselda, die er immerdar nach Kräften ehrte, lange und glücklich. Was könnte man hier nun andres sagen, als daß sich der göttliche Geist vom Himmel ebenso in die Hütten der Armen niedersenkt wie in die Paläste der Großen, die es oft mehr verdienen würden, Schweine zu hüten, als die Herrschaft über Menschen innezuhaben? Wer hätte noch außer Griselda nicht nur trockenen, sondern auch heiteren Auges die harten und unerhörten Prüfungen Gualtieris ertragen können? Dem wäre es vielleicht nicht unrecht geschehn, wenn er an eine geraten wäre, die sich, wenn er sie im Hemde aus dem Hause gejagt hätte, von einem andern das Pelzchen hätte so striegeln lassen, daß das Hemd zu einem hübschen Kleide geworden wäre.

Die Geschichte Dioneos war zu Ende, und die Damen hatten, hier dies, dort das herausgreifend, hier etwas tadelnd, gleich daneben etwas lobend, viel darüber gesprochen, als der König, der zum Himmel aufblickte und sah, daß die Sonne schon tief zur Abendstunde gesunken war, ohne aufzustehn, also zu sprechen begann: »Meine schönen Damen, ihr wißt, glaube ich, daß die Weisheit der Sterblichen nicht nur darin besteht, das Vergangene im Sinne zu behalten oder das Gegenwärtige zu erkennen, sondern daß ausgezeichnete Männer für die größte Weisheit das Vermögen erachteten, aus dem einen oder dem andern das Zukünftige vorauszusehn. Morgen werden es, wie ihr euch erinnert, vierzehn Tage, daß wir Florenz verlassen haben, um uns zur Erhaltung unserer Gesundheit und unsers Lebens etwas aufzuheitern und der Trübsal, dem Schmerze und der Angst zu entgehn, die man in unserer Stadt seit dem Anbeginne dieser Pestilenz unaufhörlich vor Augen hat; das haben wir nach meinem Urteile in allen Ehren getan: denn so viel auch lustige und vielleicht verführerische Geschichten erzählt worden sind und samt dem fortwährenden gut Essen und Trinken und samt dem Spielen und Singen, was alles Dinge sind, die schwache Gemüter zur Unehrbarkeit verleiten könnten, habe ich, wenn ich richtig zu beobachten verstanden habe, weder bei euch noch bei uns irgend etwas Tadelnswertes bemerkt, weder eine Handlung noch ein Wort, sondern ich meine, daß alles, was ich gesehn und gehört habe, von steter Ehrbarkeit, steter Eintracht und stets geschwisterlichem Verkehre gezeugt hat. Das ist mir, ohne Hintergedanken, zu euerm und meinem Nutz und Frommen sehr lieb. Und damit nun darum nicht am Ende durch den langen vertraulichen Umgang etwas entstehe, was sich in Verdruß verkehren könnte, und damit nicht ein allzulanges Ausbleiben von uns Anlaß zu Nörgeleien gebe, möchte ich, da jedes von uns an seinem Tage Anteil an der Ehre gehabt hat, die ich noch innehabe, die Meinung aussprechen, daß es, wenn es euch genehm wäre, nunmehr an der Zeit wäre, dorthin zurückzukehren, von wo wir geschieden sind; dazu kommt noch, daß, wenn ihr recht zuseht, unsere Gesellschaft, von der schon andere Gesellschaften in der Umgebung erfahren haben, eine Vermehrung erfahren könnte, die uns alle Freude daran verlieren ließe: wenn ihr darum meinen Vorschlag billigt, so werde ich die mir übertragene Krone bis zu unserer Abreise, die ich mir für morgen früh denke, behalten; beschließt ihr aber anders, so habe ich schon jemand im Sinne, den ich für den kommenden Tag krönen möchte.«

Darüber gab es unter den Damen und den Jünglingen viel

Hin und Wider, aber schließlich ließen sie den Vorschlag des Königs als gut und schicklich gelten und beschlossen, nach seinen Worten zu tun; darum besprach er sich mit dem Seneschall, den er hatte rufen lassen, über die Anstalten für den nächsten Morgen, beurlaubte die Gesellschaft bis zur Stunde des Abendessens und erhob sich. Auch die Damen und die andern erhoben sich und gaben sich nicht anders, als wie sie sonst gewohnt gewesen waren, der eine dem, der andere jenem Vergnügen hin. Als dann die Essensstunde gekommen war, vereinigten sie sich vergnügt beim Mahle, und hernach begannen sie zu singen und zu spielen; und während Lauretta einen Reigen führte, befahl der König Fiammetta, ein Lied zu singen, und die begann gar anmutig also:

Wenn Liebe ohne Eifersucht mich fände!
Ich weiß kein Weib wie mich so froh,
Weil es sein Glück, so wie es ist, einpfände!

Wenn heitre Jugendfülle
In schönem Liebhaber ein Weib könnte vergnügen,
Und Kühnheit unter keuscher Hülle,
Auch Tugend, sichtbar in den Zügen,
Vernunft, Gesittung, edler Worte Fügen,
Vollkommenheiten, die sich uns gebühren,
Bin ich's, in der sich Liebe dran erfülle,
Weil Vorzüge zum Heile führen;
Mein Hoffen sinnt nach solchen Reichtums Spende.

Doch da ich merke, daß noch viele Frauen
Wie ich gewärtig sind und klug,
Erzittre ich vor Grauen
Und fürcht ich mich vor ihrem Trug;
Erblick ich doch in andern gleichen Sehnsuchtsflug,

Wie er durch meine Seele schweift,
Drum wird mir, was ein tiefes Glücksvertrauen,
Untröstlichkeit, die in mich greift;
Ich seufze tief: ich steh in böser Lebenswende:

Wenn ich Vertrauen hätte
Zu Vorzeichen in mir, zum eignen Mute,
So fände Eifersucht hier keine Stätte;
Verlockung doch, durch die ich blute,
Um meinen Liebhaber, wohin ich spähe!
Und alle halte ich für böse:
Das trübt mein Herz; wie gern ich ruhte!
Mein Argwohn treibt in seiner Nähe:
Ich fürchte so, ihn holen fremde Hände!

Um Gottes willen, alle Frauen seien
Darum gebeten, daß sich keine unterfange,
So schwerem Unrecht mich zu weihen;
Daß meinem Herz vor keiner bange,
Die mir mit Worten, Blicken, Schmeicheleien
Bei ihm versuchte, Schaden anzutuen;
Sie trachte und verschaff sich's nicht, daß sie gelange!
Denn ich erführe es und würde nimmer ruhen,
Erlöschten Tränen nicht der Leidenschaften Brände.

Als Fiammetta ihr Lied geendigt hatte, sagte Dioneo, der neben ihr stand, lächelnd: »Madonna, da Ihr Euch darüber also erzürnen würdet, wäre es sehr hübsch von Euch, wenn Ihr ihn allen Damen nenntet, damit Euch nicht etwa eine unwissentlich seinen Besitz nähme.« Nach diesem Liede wurden noch mehrere gesungen; und da es dabei fast Mitternacht geworden war, gingen auf den Wunsch des Königs alle zur Ruhe. Und als der neue Tag erschien, standen sie auf und

kehrten, da der Seneschall schon alle ihre Sachen wegge-
schickt hatte, unter Führung des sorgsamen Königs nach Florenz zurück. Die drei Jünglinge verließen die sieben Damen
in Santa Maria Novella, von wo sie mit ihnen aufgebrochen
waren, und gingen, von ihnen beurlaubt, hin, wo es ihnen gefiel; und die Damen gingen, als es ihnen an der Zeit schien,
nach Hause.

**Die beliebtesten Klassiker im insel taschenbuch –
jetzt in neuer, schöner Ausstattung
Überraschend preiswert, überraschend modern**

Hans Christian Andersen. Die schönsten Märchen.
it 4524. 250 Seiten

Jane Austen. Emma. it 4520. 628 Seiten

Jane Austen. Stolz und Vorurteil. it 4500. 441 Seiten

Honoré de Balzac. Die Frau von dreißig Jahren. it 4501.
232 Seiten

Lewis Carroll. Alice im Wunderland. it 4502. 137 Seiten

Lewis Carroll. Alice hinter den Spiegeln. it 4503. 145 Seiten

Dante Alighieri. Die Göttliche Komödie. it 4504.
532 Seiten

Charles Dickens. Oliver Twist. it 4077. 463 Seiten

Charles Dickens. Große Erwartungen. it 4078. 612 Seiten

Charles Dickens. Eine Geschichte aus zwei Städten.
it 4079. 505 Seiten

Charles Dickens. Der Raritätenladen. it 4080. 775 Seiten

Mark Twain. Tom Sawyers Abenteuer. it 4075. 296 Seiten

Oscar Wilde. Das Bildnis des Dorian Gray. it 4519.
298 Seiten

Emile Zola. Das Geld. it 4527. 584 Seiten

Der Meister des Unheimlichen

Edgar Allan Poe traf mit seinen schaurigen und unheimlichen Erzählungen, den gruseligen und albtraumhaften Geschichten schon immer den Nerv des lesenden Publikums. Wie kein zweiter verstand er es, die tiefsten Ängste in seinen Geschichten lebendig werden zu lassen. Dieser Band versammelt *Der Fall des Hauses Ascher*, *Das vorzeitige Begräbnis*, *Das verräterische Herz*, *Ligeia* und andere Geschichten, die Poe zum Urvater und einem der meistgelesenen und beliebtesten Autoren der Schauer- und phantastischen Literatur machten – in der grandiosen Übersetzung von Arno Schmidt und Hans Wollschläger.

Edgar Allan Poe, Horrorgeschichten. Das Beste vom Meister des Unheimlichen. Aus dem Amerikanischen von Arno Schmidt und Hans Wollschläger. insel taschenbuch 4531. 214 Seiten

Der berühmteste aller Klassiker

Homers *Odyssee* beschreibt die abenteuerliche Irrfahrt und die glückliche Heimkehr des Königs Odysseus, der zwanzig Jahre zuvor auf griechischer Seite am Kampf um Troja teilgenommen hatte. Bereits in der Antike nahm die *Odyssee* eine überragende Stellung ein – und die Wirkung des Werkes auf die europäische Literatur- und Geistesgeschichte ist noch immer ungebrochen. Davon zeugen neben bedeutenden literarischen Werken wie etwa James Joyce' *Ulysses* auch zahlreiche Verfilmungen.

Wer sich bisher nicht an diesen berühmtesten aller Klassiker heranwagte, weil er sich durch die Versform oder die altertümliche Sprache abgeschreckt fühlte, kann in dieser Prosafassung die *Odyssee* als das erleben, was sie wirklich ist: ein fesselnder Roman.

Homer, Odyssee. In Prosa übertragen von Karl Ferdinand Lempp. Herausgegeben von Michael Schröder.
insel taschenbuch 4510. 457 Seiten

**In kongenialer Übertragung
von Uwe Johnson**

Das um 1200 entstandene *Nibelungenlied* ist das bekannteste
deutsche Heldenepos: Jeder kennt Siegfrieds Tarnkappe und
seine Haut aus Drachenblut, das Schwert Balmung, den Schatz
der Nibelungen und die fürchterliche Rache der Kriemhild.
Wie kaum ein anderes Werk diente das *Nibelungenlied* als Vor-
lage für Literatur, Kunst und Film: Spätestens seit dem Welt-
erfolg von *Der Herr der Ringe* sind die sagenhaften Bilderwelten
fester Bestandteil moderner Populärkultur.

Das Nibelungenlied. In Prosa übertragen von Manfred
Bierwisch und Uwe Johnson. Mit einem Nachwort von Uwe
Johnson und einem Essay von Manfred Bierwisch.
insel taschenbuch 4528. 262 Seiten

Die Geschichte einer jungen Liebe – radikal, kompromisslos und leidenschaftlich bis in den Tod.

Werther ist ein feinfühliger und empfindsamer junger Mann. Er verliebt sich in Lotte, die seine schwärmerische Hingabe an das Gefühl und die Liebe teilt. Doch Lotte ist nicht frei für ihn. Sie ist mit Albert verlobt und wird ihn heiraten. Werther, überwältigt vom absoluten Gefühl, ist verloren und geht den letzten, dramatischen Schritt – und begeht Selbstmord. Bis heute ist Goethes Werther der schönste Liebesroman der deutschen Literatur.

Johann Wolfgang Goethe, Die Leiden des jungen Werther. insel taschenbuch 4507. 172 Seiten